来自欧洲顶级花店
最受顾客欢迎的花店商品

花店人气产品设计

一年四季的花束、花礼、空间花饰

BLOOM's 编辑部　编

全国百佳图书出版单位

化学工业出版社

praxis

花店
人气产品设计

一年四季的花束、花礼、空间花饰

BLOOM's 编辑部 编

化学工业出版社
·北京·

图书在版编目（CIP）数据

花店人气产品设计：一年四季的花束、花礼、空间花饰/BLOOM's编辑部编. --北京：化学工业出版社，2020.6

ISBN 978-7-122-36313-8

Ⅰ.①花… Ⅱ.①B… Ⅲ.①花卉-专业商店-商业经营 Ⅳ.①F717.5

中国版本图书馆CIP数据核字(2020)第035047号

责任编辑：林 俐　刘晓婷	装帧设计：骁毅文化
责任校对：宋 玮	

出版发行：化学工业出版社（北京市东城区青年湖南街13号 邮政编码100011）
印　　装：北京宝隆世纪印刷有限公司
880mm×1092mm　1/16　印张 24½　字数 500千字　2020年6月北京第1版第1次印刷

购书咨询：010-64518888　　售后服务：010-64518899
网　　址：http://www.cip.com.cn
凡购买本书，如有缺损质量问题，本社销售中心负责调换。

定　价：228.00元　　　　　　　　　　　　　　　　　　　　　　版权所有　违者必究

本书说明

本书中每个案例都标注了花艺作品的尺寸以及制作时长，分别以下面的符号代表。

- **H** —— 高度（Height）
- **B** —— 宽度（Breadth）
- **L** —— 长度（Length）
- **∅** —— 直径
- **⊙** —— 制作时间（制作时间仅供参考。与客户进行沟通的时间不包含在内。）

除特别注释之外，均为制作单件花艺作品的数据说明。

关于鹿石花植教育

SÍKASTONE 鹿石
www.sikastone.com

鹿石花植教育官方公众号

BLOOM'S CHINA官方公众号

　　鹿石成立于2015年9月1日，是中国先锋花艺服务机构的代表，是集合了实体教学、纸媒发行、网媒传播、花植项目设计统筹为一体的大型花植设计教育与服务综合体，总部位于北京，在成都与深圳设有分校。

　　现今鹿石已签约全球4大洲13个地区及国家的超过50位花艺与园艺行业领袖和设计大师，开设包括花艺设计师基础课、花艺大师高阶课、花艺手绘&花艺摄影、园艺景观种植等多类优质的专题花植课程。下辖鹿石专业花植课程（SIKASTONE EDUCATION）、鹿石线上课程（SIKASTONE ONLINE）、鹿石花植项目设计与工程（SIKASTONE EVENT）、鹿石海外深度学习（SIKASTONE OVERSEA）、丹尼尔·奥斯特中国（DANIEL OST CHINA）、德国BLOOM's花艺电子杂志中文版（BLOOM's CHINA）、西班牙FLOOS花艺视频中文版（FLOOS CHINA）、鹿石花植出版物（SIKASTONE PUBLICATIONS）等多个副线品牌与业务。

　　目前，鹿石已为全球花植设计领域培养出数千名优秀的花艺及花园设计师。致力于打造生活、商业与艺术结合的多维花植体系，从线上到线下，服务于全球花植专业领域，给予当代装饰项目更多的可能性。

　　2019年8月，BLOOM's授权鹿石推出BLOOM's花艺杂志的电子中文版。内容精选自BLOOM's传媒庞大的资料库，文字润色符合中国大众阅读习惯，每一期都是100%的原创内容呈现。这也是鹿石首次尝试以电子杂志的形式与国际花艺出版社联合推出的花艺线上刊物，以付费年度会员制的形式进行知识输出，并由鹿石旗下BLOOM's CHINA团队独家运营。

Foreword 序

BLOOM's（布卢姆斯有限公司）创建于1992年，是极为优秀的花艺出版传媒集团，在德国拉廷根（Ratingen）和德国明登（Minden）拥有40多名员工。BLOOM's旗下有种类繁多的杂志和书籍，包括*BLOOM's DECO*，*BLOOM's VIEW*，*PRAXIS*等花艺设计专业刊物，是全球最优秀的花植生活方式和植物学专业书籍出版商之一。

BLOOM's不仅仅是欧洲最高水平的花植设计内容输出商之一，还在花艺设计潮流趋势的发布领域占据极为重要的位置，每年年末都会推出下一年花艺设计领域的流行趋势预测，对全球花艺设计的潮流走向起到深刻的影响。

PRAXIS在德文中的意思是实践、实际应用、实践经验，BLOOM's旗下*PRAXIS*系列出版物就是专门为花店经营者打造，每两月出版一期，自发刊以来，一直畅销于欧洲各国，是目前欧洲公认的最为实用的花店必备参考书。内容涵盖花店零售业产品设计、四季节日的花店店面布置等内容，具体包括花束和花礼设计，婚礼等活动和庆典的花艺设计，室内绿植、盆栽、微景观设计，人造花、干花等不凋花的作品设计，以及非常实用的家居和办公场所的空间花艺设计。

*PRAXIS*的案例全部由BLOOM's的花艺设计师团队打造，都是当下最受客户欢迎的样式，并对未来的流行趋势作出指导和预测，为花店从业者作出最前沿的指导与建议。其实用性还体现于为大部分作品的制作难点提供了步骤解析，让每个阅读者都能得到切实可操作的实践指导。

本书对*PRAXIS*最新一年的内容进行合集出版，相信能给中国的花艺行业提供设计的灵感。另外本书也可以直接作为花店的产品手册，放在店内供顾客翻阅参考。

化学工业出版社对于此系列丛书引入中国发挥了重要作用。相信此书的出版对于中国花卉行业具有积极意义，中国花卉业与欧洲花卉业的差距将会进一步缩小。中国的花店也将通过此书对标欧洲花艺设计，汲取设计灵感，给中国的消费者提供更加美丽的花卉产品和设计，让花艺的美好进一步走进百姓生活中。

鹿石花植教育作为国际权威花艺教育机构，极力推荐本书——这是一本中国花卉行业不可多得的，内容丰富、专业实用、紧随国际设计趋势的好书。

鹿石花植教育
2020年3月

目录 Contents

1. 充满季节感的花店布置

主题1　迎接春天的复活节 / 002

纸袋做的小兔子装饰 /003

复活节黄色主题插花 /004

用羽毛、树枝、鸡蛋等元素打造鸡窝意象 /006

主题2　色彩缤纷的夏季花店布置 / 012

屋顶造型的花架 /013

清新多彩的夏日花束 /014

用薹草打造鲜花从草丛中长出的意象 /016

花之艳与草之柔 /018

夏季的柔美草花 /020

主题3　蓝色的海洋风格 / 022

制作花店墙面装饰——挂网 /023

用贝壳元素打造海洋风格 /024

用干草打造海边沙滩的意象 /026

用漂流木打造海洋风格 /028

用海螺、卵石等打造海洋风格 /030

主题4　时尚感的秋日花艺设计 / 032

DIY纸质秋叶的树作为花店装饰 /033

烛台花艺设计 /034　丰盈感的秋季花艺 /036

用色彩艳丽的花朵打造时尚感 /038

用果实点缀的插花 /040　秋日单枝花的独奏 /042

用果实打造的装饰画 /043

主题5　明黄秋色里的一抹蓝调 / 044

主题6　秋日蘑菇主题 / 050

用牛皮纸制作蘑菇装饰 /051　蘑菇花环 /052

蘑菇造型的空间 /054

以蘑菇为主角的景观瓶 /056

朽木上的蘑菇 /058　蘑菇花篮 /060

玻璃箱中的蘑菇花饰 /061

主题7　喜庆的新年主题花艺 / 062

圣诞老人之屋——DIY花店背景墙装饰 /063

冬日蜡烛花艺 /064

木块、树皮制作的圣诞花环 /066

星星形状的墙面花饰 /068

主题8　冬日冰雪主题 / 070

墙面星星花饰 /071　单支蜡烛的花饰 /072

多支蜡烛的花饰 /075　加入灯串的花饰 /078

冬季花盘 /079

2. 花束

主题1　春季花束 / 082

淡雅时尚的春季花束 /082
搭配树枝的春季花束 /084
平行式捆绑花束 /086
枯草中绽放的春花 /088

主题2　别具匠心的花束 / 090

草编篮子作为花器 /090
彩色布条做装饰的花束 /092
皮革做环形装饰的花束 /094
树皮架构花束 /096

主题3　绿色叶材为主角的花束 / 098

青翠的绿叶花束 /098
夏日风情——叶片花束 /100
红色作为视觉焦点的绿色花束 /102
以蕨叶为主角的绿叶花束 /104

主题4　夏季白绿色清凉感花束 / 106

主题5　秋叶为主角的花束 / 114

主题6　松枝装点的冬季花束 / 119

3. 节日花礼与插花

主题1　浪漫的情人节花礼 / 126

花店墙面的情人节主题装饰 /127　心形花礼 /128
花环花礼 /130　用树皮、纸品包装的花礼 /131
小花器的插花花礼 /134

主题2　搭配球根植物的春季花礼 / 136

球根植物搭配盒形花器 /136
球根植物搭配碗形花器 /138
球根植物花环 /140

主题3　充满活力的春季花艺 / 142

手工制作的花器与春季花材 /143
刷油漆的罐子与春季花材 /146
用干树枝衬托春花的活力 /148
春花制作的球形花艺 /150

主题4　鲜花与美酒的双重礼物 / 152

一瓶酒的鲜花装饰 /153　打造清凉感的美酒花饰 /156
多瓶酒的鲜花装饰 /158　开满鲜花的酒箱 /160

主题5　带有祝福语的花礼 / 162

主题6　作为圣诞礼物的小型圣诞树 / 172

4. 餐桌花艺

主题1　编织花器的奶油色系餐桌花 / 180

主题2　自然材料手工花器的橘色餐桌花 / 188

主题3　柔美的粉色系餐桌花 / 196

在花器里装饰贝壳、羊毛等 /196　粗毛线编织的花器 /200　烛光与花香 /202

主题4　自助餐的大型餐桌花 / 204

主题5　以谷穗为主角的餐桌花 / 210

主题6　新年的餐桌花饰 / 216

跨年派对的餐桌花 /216　龙舌兰叶作为花器的新年餐桌花 /218
旧书页的花环餐桌花 /220　香槟杯作为花器的餐桌花 /222

5. 婚礼花艺

主题1　新娘手捧花 / 226

淡雅的春季手捧花 /226
毛茸茸的新娘手捧花 /230
多肉植物的新娘手捧花 /232
尤加利叶的新娘手捧花 /236
菊花为主花材的新娘手捧花 /238
波西米亚风情的新娘手捧花 /242
缎带装饰的新娘手捧花 /244

主题2　绣球的空间花饰 / 250

6. 家居与办公空间装饰花艺

主题1　迎春入室——春天的家居花饰 / 258

主题2　青苔里的春天 / 264

主题3　办公室窗边的盆栽装饰 / 270

用树皮装饰花器 /270　窗边的凤梨科植物 /271
窗边的长方形盆栽 /272

主题4　能长久保存的等候区的花饰 / 274

主题5　公司庆典的花饰 / 280

主题6　办公室的植物墙 / 286

主题7　办公室节日花饰 / 290

悬挂的花环 /290　圆柱上的花环 /292
白桦树干与花环 /294

7.
人造花、干花等制作的空间花艺

主题1 雪滴花的冬日家居花饰 / 298

雪滴花的餐桌花 /298　纺锤形雪滴花花艺 /300
用玻璃容器搭配雪滴花 /302

主题2 春季人造花的家居花饰 / 304

茶几、玄关等处的小型装饰花 /304
放于地面的大型瓶插 /306　悬垂花饰 /308

主题3 人造多肉和干枝材打造的墙面花饰 / 309

主题4 充满创意的圣诞树 / 314

粗树枝的圣诞树 /314　剪影状的圣诞树 /316
圣诞树门饰 /318

8.
室内绿植、盆栽、微景观

主题1 多肉植物 / 322

仙人掌、仙人球 /322　玻璃罐中的仙人掌 /327
软木中的多肉植物 /328　用绳编吊篮悬挂的空气凤梨 /329

主题2 香草植物 / 330

香草植物的立体种植 /330　香草植物箱 /332
挂起来的香草植物罐 /334

主题3 兰花 / 336

主题4 绿色潮流——观叶植物 / 342

桌面绿植 /342　墙面绿植 /343　热带观叶植物 /344

主题5 微景观 / 346

主题6 艳丽的一品红 / 350

9.
吊唁与祭奠花艺

主题1 骨灰瓮花饰 / 356

心形骨灰瓮花饰 /356
花环形骨灰瓮花饰 /357
树皮装饰的骨灰瓮 /358

主题2 挽联花饰 / 360

主题3 祭奠孩童 / 364

动物造型 /364　天使的陪伴 /366
星星的安慰 /368　相框造型 /369

主题4 新式吊唁与纪念花礼 / 370

带小木栅栏的设计 /370
十字形祭奠花礼 /372
纪念花环 /373　心形祭奠花礼 /374
纪念花球 /375
水滴形祭奠花礼 /376

主题5 灵柩花饰 / 378

充满季节感的花店布置

主题 1

迎接春天的复活节

≫ 纸袋做的小兔子装饰

用纸袋制作而成的兔子造型能够形成强化主题的视觉焦点。下面展示如何用物美价廉的纸袋快速完成兔子造型。

制作技巧

1. 将纸袋的开口端裁剪成"V"字形。
2. 将木板放入纸袋底部以稳定重心,并添加填充材料。
3. 纸袋顶部制作出兔耳状,以麻绳束紧。

复活节黄色主题插花

H 40 cm　**⌀** 20 cm　**⊙** 8 min

花材
贴梗海棠、水仙、去皮柳树枝

其他资材
鹅蛋、玻璃杯、瓦楞纸板、涂料、热熔胶

| H 40 cm | ⌀ 40 cm | ⏱ 30 min |

花材

金槌花、多花素馨、广玉兰、水仙、花毛茛、郁金香、欧洲荚蒾、干草

其他资材

鹅蛋、鹌鹑蛋、花瓶、铁丝、花艺铁丝、拉菲草、花艺胶带、热熔胶

制作技巧

1. 修剪广玉兰,并将枝条组成鸟巢状架构。
2. 以铁丝捆绑加固枝条形成的交叉点,铁丝末端用花艺胶带缠绕。
3. 逐步加入花材,最终形成花束。

▶ 用羽毛、树枝、鸡蛋等元素打造鸡窝意象

H 33 cm　⌀ 28 cm　⏲ 25 min

花材
花格贝母、水仙、二叶绵枣儿、法国百里香、苔藓

其他资材
鹌鹑蛋、鸡蛋、羽毛、木工胶、塑料膜（可用保鲜膜）、拉菲草

制作技巧

1. 木工胶中加水混合均匀，用该胶水混合物浸泡拉菲草。
2. 将浸泡过的拉菲草放在用塑料膜包裹的圆盆上塑形。
3. 完全干燥后在拉菲草基座内部覆盖塑料膜，并以蛋类、羽毛等完成装饰。

H 35 cm　⌀ 22 cm　⊙ 30 min

花材
大戟、二叶绵枣儿、干草、苔藓

其他资材
鹌鹑蛋、鹅蛋、羽毛、纤维布条、木工胶、塑料袋、花艺铁丝、热熔胶

制作技巧

1. 将黄色的纤维布条塑形成碗状，作为花器。
2. 木工胶与水混合，将混合物涂抹在碗状花器表面，晾干。
3. 将植物根茎用塑料袋包裹后放入花器，最后用苔藓、蛋类等进行装饰。

H 34 cm　**Ø** 23 cm
⏱ 10 min

花材
水仙、郁金香、欧洲荚蒾、树枝

其他资材
鹅蛋、鹌鹑蛋、羽毛、麻绳、玻璃罐、橡皮圈、热熔胶

H 36 cm	L 35 cm
B 20 cm	⏱ 30 min

花材
水仙、欧洲越橘、树枝

其他资材
鹌鹑蛋、鸡蛋、羽毛、麻绳、玻璃罐、铁丝、热熔胶

制作技巧

1. 借助铁丝将树枝制作成上窄下宽的篮子形状的架构。
2. 在玻璃罐口缠绕铁丝放置在树枝架构里。铁丝用于后续的固定。
3. 将玻璃罐口的铁丝固定在树枝架构顶部。用麻绳缠绕出提手部分。将花材插入玻璃罐，并装饰蛋类、羽毛等材料。

H 32 cm **L** 24 cm
B 15 cm **⊙** 25 min

花材
葡萄风信子、二叶绵枣儿、去皮柳树枝、苔藓

其他资材
鹅蛋、鹌鹑蛋、羽毛、陶罐、纱网、涂料、包膜铁丝

制作技巧

1 用纱网包裹陶罐塑形,将接口部分集中在花器底部中央。

2 底部和侧面的接口处用包膜铁丝以缝纫的方法连接固定。

3 用涂料给纱网上色。将植物放入陶罐内,去皮柳树枝作为提手,并装饰蛋类、羽毛等。

| H 48 cm | ⌀ 28 cm | ⊙ 30 min |

花材
大戟、花格贝母、广玉兰、水仙、苔藓

其他资材
鸡蛋、羽毛、陶罐、木盘、花艺铁丝、涂料

制作技巧

[1] 借助锤子和钳子将花艺铁丝插入木盘边缘。[2] 将相邻的两根花艺铁丝相互缠绕，以编织手法做成筐状。[3] 用涂料给花艺铁丝上色。将植物放入陶罐中，一并置于筐内，并装饰苔藓、蛋类和羽毛。

主题 2
色彩缤纷的夏季花店布置

» 屋顶造型的花架

① 屋顶造型花架会令人联想到温室花房，还兼具引人注目的装饰效果和置物展示功能，非常适合夏季的花店陈列。

② 白色背景墙上装饰不同的绿色，象征着这个季节里正在萌发的新绿，也传递出置身于初夏花园中的轻松惬意。下面展示如何制作这样的背景装饰。

制作技巧

① 将白麻布剪成条状，然后用滚刷在布条上涂抹不同色调的绿色。

② 把布条剪成长短不同的条状，高低错落地挂在背景墙上。

》 清新多彩的夏日花束

H 45 cm　⌀ 40 cm
⏱ 15 min

花材
蓝花耧斗菜(人造花)、小盼草、铁线莲、金槌花、法国薰衣草、毛绒樱、澳洲狐尾、翠扇

其他资材
陶瓷底座、玻璃容器、彩色麻绳、拉菲草

制作技巧

1️⃣ 将一捆熊草打结，并用花艺铁丝固定。

2️⃣ 把多个熊草结中的花艺铁丝拢成一束做成手柄，并缠好花艺胶带，防止铁丝在花瓶中遇水生锈。在草结基座上插入花材，扎成花束后放入花瓶。

- H 55 cm   Ø 28 cm
- ⏱ 15 min

花材
小盼草、铁线莲、金槌花、香豌豆、花毛茛、翠扇、欧洲荚蒾、熊草

其他资材
花瓶、花艺铁丝、拉菲草、花艺胶带

用薹草打造鲜花从草丛中长出的意象

H 38 cm **⌀** 25 cm **⏱** 8 min

花材
金鱼草、薹草、小盼草、铁线莲、香豌豆、紫盆花、小白菊、欧洲荚蒾

其他资材
纸袋花盆、彩色麻绳、玻璃杯、种植土

制作技巧

1. 把薹草放到花器里，中间留空。
2. 在花器中间放入玻璃杯，倒入水，为切花保水。
3. 最后把其余花材插入玻璃杯中。

H 40 cm　∅ 28cm　⏱ 12 min

花材

柔毛羽衣草、金鱼草、薹草、小盼草、金槌花、法国薰衣草、紫罗兰、澳洲狐尾、紫盆花、小白菊

其他资材

陶瓷花器、彩色麻绳、玻璃杯、种植土

花之艳与草之柔

- H 57 cm ⌀ 22 cm
- ⏱ 10 min

花材
柔毛羽衣草、紫花细茎葱、大星芹、野燕麦、铁线莲、金槌花、紫罗兰、紫盆花、欧洲荚蒾

其他资材
玻璃瓶、彩色麻绳、橡皮圈

| H 57 cm | ∅ 22cm | ⏱ 10 min |

花材
蓝花耧斗菜(人造花)、小盼草、金槌花、马丁尼大戟、澳洲狐尾、小白菊、欧洲荚蒾

其他资材
花瓶、彩色麻绳、橡皮圈

制作技巧

1. 先用橡皮圈把小盼草花茎固定在花瓶外围。

2. 把其余花材插入花瓶中,最后缠绕绳子遮盖橡皮圈。

夏季的柔美草花

H 25 cm　⌀ 30 cm　⏱ 8 min

花材
柔毛羽衣草、小盼草、铁线莲、香豌豆、法国薰衣草、毛绒稷、小白菊、欧洲荚蒾、熊草

其他资材
彩色麻绳、玻璃花器

| H 25 cm | ⌀ 25 cm | ⏱ 15 min |

花材
风铃草、小盼草、铁线莲、金槌花、香豌豆、紫盆花、小白菊、欧洲荚蒾、熊草

其他资材
彩色麻绳、陶瓷底座、带托盘的花泥

制作技巧

1. 把所有熊草修剪成相同的长度，然后将熊草的一端插入花泥四周边缘，另一端插入花泥中心处。

2. 绕着熊草底部缠绕麻绳，并打结系好。麻绳应高出底座边缘。

3. 最后在熊草间插入其余花材。

主题 3
蓝色的海洋风格

❯❯ 制作花店墙面装饰——挂网

用粗毛线和芦苇秆编织的挂网，既可以吸引注意力，又可作为海洋色系商品展示台的核心装饰元素。贝壳和小鱼剪影不禁让人联想到海边的渔网。下面介绍它的制作方法。

制作技巧

① 先把数根粗毛线系在一根树枝上，保持间隔均匀。然后把分成小捆的长芦苇秆松松地编织到粗毛线中。② 贝壳钻孔后，用麻绳或藤皮铁丝穿起来，悬挂在粗毛线上。③ 加入一些染色的伞形花序的花材，比如大花葱等。④ 在硬纸板上画出小鱼的轮廓和简笔画图案，然后剪下并粘贴在挂网上作为装饰。

≫ 用贝壳元素打造海洋风格

H 55 cm　**⌀** 16 cm　**⏱** 8 min

花材
黑韭、落新妇、东方虞美人、高加索蓝盆花、星花轮峰菊、紫灯花、小盼草

其他资材
贝壳、带托盘的花泥

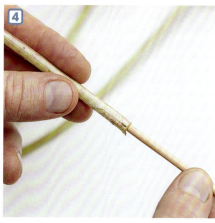

H 25 cm	B 30 cm
T 18 cm	12 min

花材

欧蓍草、大星芹、油菜、风铃草、黑种草、蒲公英

其他资材

卡皮斯贝壳、钉子、喷胶、带托盘的花泥、竹签

制作技巧

1. 在贝壳上钻孔。
2. 用钉子将贝壳固定在花泥侧面。
3. 把蒲公英的花序用喷胶定型。
4. 将细竹签插入蒲公英中空的花茎，然后和其余花材一起插入花泥。

》 用干草打造海边沙滩的意象

H 110 cm　⌀ 40 cm　⏱ 20 min

花材
洋葱、尾穗苋、峨参、落新妇、翠雀、绵毛水苏、干草

其他资材
花器、铁丝、花泥

制作技巧

1️⃣ 把铁丝展开，整理成一个松散的线团，放在已经泡好的花泥上。

2️⃣ 干草穿过铁丝线团插入花泥。

3️⃣ 在已经固定好的铁丝线团上再交错地穿插一些干草，最后插入其余花材。

H 22 cm　∅ 57 cm
⏱ 20min

花材
尾穗苋、油菜、香豌豆、黑种草、西番莲、星花轮峰菊、马蹄莲、大丽花、干草

其他资材
贝壳、海螺壳、麻绳、陶瓷底座、细沙、带托盘的环形花泥

制作技巧

① 将麻绳交错地缠绕在泡好水的环形花泥上。

② 在环形花泥表面的麻绳中间穿插一些干草。然后把其余花材插入环形花泥的一侧，最后撒上细沙和贝壳等进行装饰。

» 用漂流木打造海洋风格

H 80 cm　**⌀** 40 cm　**⏱** 18 min

花材
洋葱、尾穗苋、油菜、翠雀、星花轮峰菊、绵毛水苏、蒲公英、小盼草、香豌豆、漂流木

其他资材
海螺壳、竹签、花泥、底托

| H 30 cm | L 45 cm |
| B 45 cm | ⏱ 18 min |

花材
大丽花、香豌豆、高加索蓝盆花、星花轮峰菊、绵毛水苏、草、漂流木

其他资材
贝壳、海螺壳、铁质底托、细沙、竹签、带托盘的花泥

制作技巧

① 在漂流木块上钻孔,然后通过竹签将其固定在黑色花泥上。

② 插入其余花材,最后撒上细沙和贝壳等装饰物。

用海螺、卵石等打造海洋风格

| H | 24 cm | L | 40 cm |
| B | 28 cm | ⏱ | 15 min |

花材

大星芹、油菜、风铃草、大丽花、硬叶蓝刺头、香豌豆

其他资材

卵石、海螺壳、底座、花泥钉、粘条、花泥

制作技巧

1️⃣ 球形花泥切成半球形，然后挖去半球的中心部分。 2️⃣ 将制作好的半球形花泥泡好水后，放置在一个大小适合的底座上面。 3️⃣ 插入各类花材和漂流木，最后均匀地撒上海螺壳作为装饰。

H 48 cm　⌀ 18 cm
⏱ 18 min

花材

细茎葱、落新妇、香豌豆、黑种草、星花轮峰菊、绵毛水苏、紫灯花、西西里纳茜菜、草、漂流木

其他资材

海螺壳、底座、球形花泥

主题 4
时尚感的秋日花艺设计

≫ DIY纸质秋叶的树作为花店装饰

[1] 一棵用纸质秋叶装饰的树,放于当季商品展示区域非常吸睛。[2] 点缀有纸质秋叶的画框(制作方法见本页下方),是非常理想的背景墙装饰。[3] 和 [4] 奶白色的小摆件和花器为秋季商品展示增添现代感。

制作技巧

将材质、粗细各异的绳子拉紧,并用码钉枪固定在画框边缘,形成一幅交错的线条画。然后把纸质秋叶粘贴在绳上或穿插在其中。

烛台花艺设计

- **H** 15 cm
- **L** 40 cm
- **B** 12 cm
- **⊙** 8 min

花材
多花海棠果（人造果实）、树枝

其他资材
花器、茶烛、毛线、沙子

装饰元素
松鼠摆件

H	17 cm	L	12 cm
B	12 cm	⏱	10 min

花材

马利筋、菊花、松果菊、星花轮峰菊、枯叶、干燥的果实、蔷薇果（人造果实）

其他资材

茶烛烛台、茶烛、毛线、基座、橡皮圈、花泥钉、粘条、花泥

装饰元素

松鼠摆件

制作技巧

① 用橡皮圈把枯叶固定在吸水后的花泥四周，然后缠绕几圈毛线遮盖橡皮圈。空出花泥中间区域，在四周插入花材。② 茶烛烛台底部用粘条粘上花泥钉，然后插入花泥中间固定好。

丰盈感的秋季花艺

H 27 cm　L 48 cm　B 26 cm　⏱ 12 min

花材

红花、菊花、刺大戟、美国皂荚、多花海棠果（人造果实）、酸浆、宫灯百合、欧亚花楸

其他资材

花器、花艺铁丝、花泥

| H | 38 cm | L | 27 cm |
| B | 16 cm | ⏱ | 8 min |

花材
金鱼草、松果菊、小茴香、多花海棠果、黑种草、酸浆、宫灯百合、树枝、蔷薇果（人造果实）

其他资材
花器、牙签、花泥

装饰元素
茶烛烛台、茶烛

用色彩艳丽的花朵打造时尚感

H 60 cm　L 24 cm
B 10 cm　⏱ 10 min

花材

松果菊、酸浆、宫灯百合、星花轮峰菊、欧亚花楸、干燥的果实、蔷薇果（人造果实）

其他资材

花器、构树皮、花泥

装饰元素

花瓶

| H 35 cm | L 25 cm |
| B 9 cm | ⏱ 10 min |

花材

金鱼草、小丽花、小茴香、多花海棠果、黑种草、宫灯百合、欧亚花楸、蔷薇果（人造果实）

其他资材

花器、构树皮、花泥

制作技巧

① 先将构树皮对折后插入花器边缘，搭建框架。

② 取打湿软化后的构树皮逐一穿插编织到框架里。

用果实点缀的插花

H 30 cm   L 15 cm
B 15 cm   ⏱ 8 min

花材
多花海棠果（人造果实）、酸浆、欧亚花楸、蔷薇果、橡果、树枝

其他资材
玻璃烛台、蜡烛、彩绳、波纹铁丝、热熔胶

装饰元素
松鼠摆件

H 45 cm **L** 15 cm
B 15 cm ⏱ 10 min

花材
红花、小丽花、多花海棠果（人造果实）、宫灯百合、星花轮峰菊、欧亚花楸、树枝段

其他资材
玻璃烛台、立方体小玻璃花器

装饰元素
蜡烛

制作技巧

① 将一个立方体小玻璃花器放置在玻璃烛台里面。然后用树枝段填充它们之间的空隙。

② 向花器中注水，将其余花材插入枝桠间的缝隙。

秋日单枝花的独奏

H 20 cm **L** 7 cm
B 7 cm   **⏱** 5 min

花材
左边作品：小丽花、小茴香、酸浆、枯叶
右边作品：松果菊、美国皂荚、蔷薇果（人造果实）

其他资材
花器、花泥

小提示
在展示"秋日单支花的独奏"主题花艺时，以2个、3个或4个小作品为一组，放置在大小合适的托盘中，既有统一又有变化。顾客也可以选择单个的花艺作品装饰家居。

➤ 用果实打造的装饰画

H 25 cm **L** 25 cm
B 10 cm **⏱** 15 min

花材
酸浆、欧亚花楸、麦秆菊、树枝

其他资材
松鼠摆件、底座、热熔胶、花泥

制作技巧

① 在底座上用热熔胶薄薄地粘上一层花泥。

② 在果实和花朵上涂好热熔胶，插入花泥。接着固定树枝，最后用热熔胶将松鼠摆件粘在树枝上。

主题 5　明黄秋色里的一抹蓝调

| H | 18 cm | ⌀ 18 cm | ⏱ 8 min |

花材
大星芹、菊花、金槌花、向日葵、海棠果、树莓、麦穗

其他资材
构树皮、毛线、玻璃罐、订书机

制作技巧

① 将构树皮浸泡软化后，交叉缠绕在玻璃罐外，并用订书机固定。保持各树皮的间距一致。

② 毛线紧贴玻璃罐外壁环绕几圈，进一步固定构树皮。向玻璃罐内加水，插入花材。

H 28 cm **Ø** 17 cm **⏱** 12 min

花材

欧蓍草、大星芹、松果菊、黑心金光菊、星花轮峰菊、人造梨、谷穗、麦穗、稻草

其他资材

毛线、陶盆、竹签、涂料（用于陶盆上色）、塑料膜、双面胶、花泥

H 32 cm　⌀ 15 cm　⏱ 20 min

花材
莳萝、大星芹、油菜、绣球、多花海棠果、树莓、黑心金光菊、星花轮峰菊、谷穗、麦穗、玉米

其他资材
构树皮、缎带、玻璃杯、缝纫线、木工胶、竹签、花泥、保鲜膜

制作技巧

1 将水、木工胶和构树皮混合。保鲜膜作为隔离层包裹作为模具的容器，然后将混合物涂抹覆盖到容器上，用缝纫线反复缠绕加以固定。

2 待树皮层干透后，取出容器，放入一个玻璃杯。树皮层与玻璃杯之间的空隙用玉米叶和谷穗填充。最后在玻璃杯内放入花泥，插入花材。

H 38 cm　∅ 30 cm
⏱ 20 min

花材
欧蓍草、莳萝、大星芹、小丽花、绣球、多花海棠果、伞房蔷薇、麦穗、麦秆菊

其他资材
构树皮、绳子、玻璃瓶、花艺铁丝、胶水、竹签、拉菲草、热熔胶、花艺胶带、环形支架

H 45 cm **⌀** 22 cm
⏱ 20 min

花材
欧蓍草、大星芹、菊花、金槌花、小丽花、绣球、多花海棠果、冰岛罂粟果、麦穗

其他资材
构树皮、绳子、圆环、花艺铁丝、订书机、花艺胶带

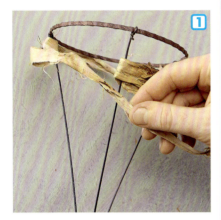

制作技巧

1 和 **2** 在圆环上缠好褐色的花艺胶带。3根花艺铁丝一端固定在圆环的3个三等分点上,另一端扎在一起。用软化好的构树皮缠绕圆环和花艺铁丝。

3 在制作完成的架构里插入花材。

主题 6　秋日蘑菇主题

❯❯ 用牛皮纸制作蘑菇装饰

形状各异、大小不同的蘑菇装饰可以很好地表现秋日主题。大型蘑菇陈设非常引人注目。

② 可以适当地在墙面或背景中添加乡村风格的元素。

① 将粗树枝固定在木板上,再将半球形的泡沫球用螺丝钉固定在树枝上。

② 牛皮包装纸卷成绳状,螺旋盘绕在泡沫半球体表面并用胶固定。最后在外面再包裹一层平滑的牛皮包装纸,完成蘑菇造型。

≫ 蘑菇花环

⌀ 43 cm　T 15 cm　⊙ 15 min

花材
菊花、阔鳞耳蕨、松塔、树枝、苔藓

其他资材
人造蘑菇、麻线、铁丝、花艺铁丝、热熔胶、环形花泥

H 21 cm　**⌀** 48 cm　**⏱** 15 min

花材
红花、小丽花、洋常春藤、金丝桃、苔藓、枯叶

其他资材
干蘑菇、纸袋、金属小环、麻线、缎带、胶水、花艺铁丝、带托盘的环形花泥

制作技巧

① 花艺铁丝穿过苔藓块，拧紧，留出一截铁丝用于将苔藓插入花泥。

② 将苔藓块插满环形花泥的一半，并点缀漏斗形的干蘑菇。花泥另一半插入其他花材。

053

>> 蘑菇造型的空间

H 34 cm　∅ 25 cm　⊙ 8 min

花材
菊花、松塔、树枝、苔藓、枯叶

其他资材
牛皮包装纸、皮绳、毛刷、构树皮、底座、花艺铁丝、热熔胶、球形花泥

H 45 cm **Ø** 29 cm
⏱ 20 min

花材
菊花、苔藓、枯叶、粗树枝、原木片

其他资材
缎带、蘑菇图案的装饰卡纸、麻绳、螺丝钉、热熔胶、球形花泥

制作技巧

① 先将两根粗树枝用螺丝钉固定在一块大原木片上，然后在树枝的另外一端固定一块小原木片。

② 固定小原木片的螺丝钉要留出一截，去掉螺丝钉头，半球形花泥上装饰好菊花，插在螺丝钉头上面。

以蘑菇为主角的景观瓶

H 35 cm　⌀ 23 cm
⏱ 10 min

花材
小丽花、阔鳞耳蕨、松塔、枯叶、苔藓、树枝

其他资材
人造蘑菇、薄原木片、皮绳、玻璃瓶、热熔胶、花泥

H 44 cm ⌀ 30 cm
⏱ 12 min

花材

马利筋、菊花、阔鳞耳蕨、凤尾蕨、块状树皮、苔藓、树枝

其他资材

原木片、人造蘑菇、玻璃罩、热熔胶、带托盘的花泥

提示

用热熔胶把块状树皮粘在花泥托盘外侧，可轻松地遮盖住塑料托盘。

057

❯❯ 朽木上的蘑菇

H 48 cm　L 50 cm
B 24 cm　⏱ 20 min

花材

矾根、欧洲百合、欧洲黑松、凤尾蕨、块状树皮、树枝、苔藓、蘑菇

其他资材

人造蘑菇、麻线、花艺铁丝、竹签、热熔胶、胶带、带托盘和栅格网的花泥

制作技巧

① 栅格网包裹的花泥浸泡后,和塑料托盘一起放入树皮当中。用胶带在左右两侧各缠绕两圈,固定花泥和树皮。再缠绕麻线遮盖胶带。

② 插入花材和树枝并绑好,最后将苔藓块和蘑菇粘在树枝上。

> H 30 cm Ø 20 cm
> ⏱ 8 min
>
> **花材**
> 马利筋、菊花、阔鳞耳蕨、苔藓、树枝、小树桩、枯叶
>
> **其他资材**
> 人造蘑菇、毛线、构树皮、螺丝钉、花艺铁丝、热熔胶、双面胶、带托盘的花泥

制作技巧

1. 在花泥托盘外侧用双面胶粘上一圈构树皮纤维。

2. 将花泥托盘粘在小树桩上,然后插入花材。用粘有苔藓的树枝和人造蘑菇作为外部装饰,最后用毛线捆绑固定。

蘑菇花篮

- H 40 cm
- L 40 cm
- B 30 cm
- ⏱ 15 min

花材
欧洲栗、小丽花、膨大鳞毛蕨、圆锥绣球、欧洲百合、树枝、枯叶

其他资材
人造蘑菇、竹篮、缎带、麻线、装饰卡片、带托盘的花泥

▶▶ 玻璃箱中的蘑菇花饰

H 34 cm　**⌀** 17 cm　**⊙** 8 min

不包含玻璃箱内装饰的材料

花材
小丽花、千日红、欧洲黑松、蕨叶、枯叶、苔藓、树枝、块状树皮

其他资材
陶盆、毛线、热熔胶、干花泥球、花泥

主题 7
喜庆的新年主题花艺

》 圣诞老人之屋——DIY花店背景墙装饰

1. 用木条搭建一座简易的"圣诞老人之屋",既可以吸引眼球,又可以作为展示商品的背景墙装饰。

2. 搭建房子的木条具有展示商品的功能,木质字母装饰宣告圣诞节的到来。

制作技巧

1. 将裁成合适长度的木条组合成带有屋顶和X形支架的房屋结构,并用螺丝固定。

2. 把制作完成的圣诞老人之屋竖立在墙面前方,注意留出一定的距离,然后用直角码把支撑木条分别固定在房屋木条和墙面上。间距既增加了圣诞老人之屋的立体空间感,也方便在木条上悬挂其他饰品。

冬日蜡烛花艺

H 36 cm　⌀ 18 cm　⏱ 10 min

花材
多花海棠果、欧亚山松、日本茵芋、法国百里香、蔷薇果

其他资材
蜡烛、毛线、标签、木块、木材染料、牙签、热熔胶、自粘式花泥钉、带托盘的花泥

制作技巧

① 木块围绕花泥托盘外围粘好。

② 将捆扎在一起的花泥和木棒倒过来插入木材染料中染色。等染料完全干透后，放入泡好的花泥，插入花材，最后通过自粘式花泥钉插入蜡烛。

H 26 cm　L 60 cm
B 16 cm　⏱ 18 min

花材
绣球、多花海棠果、欧洲山松、日本茵芋、蔷薇果、桦树皮

其他资材
蜡烛、木质星星、绳子、标签、木板、牙签、热熔胶、自粘式花泥钉、带托盘的花泥

制作技巧

1 将桦树皮卷成圆筒形,用绳子固定,放入花泥托盘,然后放入泡好的花泥。

2 用热熔胶把花泥托盘固定在木板上,并插入其余花材。最后用自粘式花泥钉将蜡烛插入其中。

木块、树皮制作的圣诞花环

H 25 cm **⌀** 42 cm **⊙** 20 min

花材
绣球、多花海棠果、欧洲山松、星花轮峰菊、日本因芋、蔷薇果

其他资材
蜡烛、木质星星、木块、秸秆环、牙签、热熔胶、自粘式花泥钉、带托盘的环形花泥

H 24 cm　Ø 45 cm
⏱ 20 min

花材
多花海棠果、欧洲山松、蔷薇果、云杉果、松塔、核桃、桦树皮

其他资材
星形玻璃饰品、彩绳、蜡烛、花艺铁丝、秸秆环、牙签、热熔胶、自粘式花泥钉、带托盘的环形花泥

制作技巧

1. 将泡好的环形花泥用热熔胶粘到秸秆环上。
2. 围绕秸秆环重叠粘好弯曲的桦树皮，直至花泥外环和秸秆环被完全遮盖。
3. 在环形花泥上插入花材，利用自粘式花泥钉将蜡烛插入其中。

星星形状的墙面花饰

⌀ 44 cm　H 12 cm　⏱ 10 min

花材
绣球、多花海棠果、欧洲山松、蔷薇果、核桃、树枝

其他资材
蜡烛、烛台、木块、绳子、木材染料、牙签、热熔胶、带托盘的星形花泥

⌀ 44 cm   H 12 cm   ◎ 15 min

花材
绣球、多花海棠果、欧洲山松、蔷薇果、核桃、树枝

其他资材
蜡烛、烛台、木块、绳子、木材染料、牙签、热熔胶、带托盘的花泥、藤皮铁丝

制作技巧

1. 在花泥托盘底部的支架上横向钻孔。
2. 穿上藤皮铁丝，制成挂环。
3. 在云杉果上缠绕铁丝作为替代茎，和其他花材一起插入花泥。利用热熔胶将染色后的木块逐一粘在星形铁丝上，并用绳子捆绑加固，自制一个木质星星装饰。最后加入蜡烛和烛台。

主题 8

冬日冰雪主题

➤➤ 墙面星星花饰

① 背景墙上醒目的星星花饰既能吸引顾客的注意力,也明确传达出冬季花礼这一主题。下面将分步骤介绍它的制作过程。

② 和 ③ 烛台和各种象征冬日的装饰品,有助于进一步烘托节日气氛。

制作技巧

① 在一块粉刷成白色的木板上,用一个星形纸板作为模板,在星星的内角和尖角处分别钉上被喷成白色的长钉。

② 围绕每个螺丝钉按照同样的顺序分别缠上毛线、装饰铁丝和LED灯串,形成一个星形编织饰品。

③ 最后加入当季花材和冬日圣诞配饰。

单支蜡烛的花饰

H 35 cm　⌀ 20 cm　⏱ 6 min

花材
尖叶天门冬、多花桉、松针

其他资材
星形烛台、装饰球、丝带、蜡烛、木质雪花、喷漆、粘条、热熔胶

H 25 cm　**⌀** 25 cm　**⏱** 8 min

花材
油橄榄、雪果、松针

其他资材
羽毛、异形碟、装饰球、蜡烛、花艺铁丝、金箔、木质星星、喷漆、花泥钉、粘条、喷胶、热熔胶、干花泥

装饰元素
陶瓷圣诞树、陶瓷挂饰

073

| H 27 cm | ⌀ 12 cm | ⏱ 8 min |

花材
葡萄叶铁线莲、多花桉、松针

其他资材
羽毛、茶烛烛台、彩绳、茶烛、花艺铁丝、木质星星、雪花喷雾、颜料、方形木块、热熔胶

制作技巧

1️⃣ 把松针排列在方形木块外围，用花艺铁丝固定，并缠绕彩绳遮盖铁丝。

2️⃣ 将茶烛烛台放在方形木块上，最后加入其他饰品。

» 多支蜡烛的花饰

H 37 cm　**⌀** 30 cm　**⊙** 15 min

花材
尖叶天门冬、欧洲落叶松、鳞叶菊、长生草属多肉植物、银叶菊

其他资材
星形盘子、装饰球、丝带、蜡烛、包膜铁丝、木质雪花、牙签、喷漆、塑料烛台、花泥钉、粘条、热熔胶、干花泥球

制作技巧

1. 将4个塑料烛台插入干花泥球，用喷漆喷成白色。 2. 鳞叶菊枝条包裹在花泥球和烛台外面，用包膜铁丝固定好，然后插入其余花材。 3. 利用粘条将花泥钉固定在星形盘子中央，最后插上装饰好的花泥球并放入蜡烛。

| H | 14 cm | L | 33 cm |
| B | 21 cm | ⏱ | 10 min |

花材

尖叶天门冬、葡萄叶铁线莲、银扇草、油橄榄、饰球花

其他资材

瓷盘、玻璃烛台、陶瓷挂饰、玻璃球、丝带、花艺铁丝、蜡烛、木质星星、热熔胶

H 20 cm　⌀ 50 cm　⏱ 15 min

花材

尖叶天门冬、拟石莲花属多肉植物、多花桉、欧洲落叶松、银扇草、长生草属多肉植物

其他资材

羽毛、带玻璃烛台的瓷盘、陶瓷挂饰、玻璃球、丝带、蜡烛、木质星星、花艺铁丝、U形针、秸秆环、喷胶、热熔胶

制作技巧

① 将秸秆环用丝带缠绕起来。② 喷成白色的尖叶天门冬用U形针固定在秸秆环上。③ 将带玻璃烛台的瓷盘放到秸秆环上方，插入其余花材，并用花艺铁丝和热熔胶加固。最后把蜡烛放入烛台中。

加入灯串的花饰

H 30 cm　⌀ 34 cm　⏲ 15 min

花材
葡萄叶铁线莲、多花桉、银扇草、松针、饰球花、南非植物

其他资材
羽毛、剑麻纤维、瓷器、陶瓷挂饰、丝带、玻璃球、金箔、木质雪花、雪花喷雾、灯串、喷漆、喷胶、热熔胶

制作技巧

① 把剑麻纤维包裹在充气气球外,用喷胶定型成碗状,然后在剑麻纤维碗上喷雪花喷雾作装饰。② 在碗中放入灯串。③ 最后加入花材和其他装饰品。

冬季花盘

| H | 7 cm | L | 30 cm |
| B | 30 cm | ⏱ | 10 min |

花材

银扇草、油橄榄、雪果、树枝、南非植物

其他资材

羽毛、瓷盘、陶瓷挂饰、装饰球、丝带、花艺铁丝、金箔、白色木质雪花、灯串、雪花喷雾、喷胶、热熔胶

装饰元素

茶烛烛台

花束

主题 1　春季花束

>> 淡雅时尚的
春季花束

| H 40 cm | Ø 40 cm | ⏱ 10 min |

花材
纸花葱、白桦、风蜡花、大戟、风信子、花毛茛、郁金香、欧洲荚蒾

其他资材
拉菲草、花瓶

H 30 cm　**⌀** 30 cm　**⏱** 10 min

花材
纸花葱、康乃馨、白桦、东方铁筷子、葡萄风信子、花毛茛

其他资材
拉菲草、花瓶

搭配树枝的春季花束

H 50 cm　**⌀** 45 cm　**⏱** 10 min

花材
纸花葱、风信子、二乔木兰、花毛茛、*Retama monosperma*（拉丁名，目前没有中文学名）、郁金香、天蓝尖瓣木

其他资材
丝带、拉菲草、花器

H 50 cm　⌀ 40 cm　⊙ 10 min

花材
欧洲银莲花、风蜡花、欧洲红端木、康乃馨、水仙、郁金香、欧洲荚蒾

其他资材
彩绳、拉菲草、花器

❯❯ 平行式捆绑花束

H 80 cm　⌀ 20 cm　⏱ 8 min

花材
贴梗海棠、郁金香、干燥的细竹枝

其他资材
毛线、拉菲草、玻璃花瓶

H 65 cm　⌀ 25 cm　⏱ 8 min

花材
Retama monosperma（拉丁名，目前没有中文学名）、郁金香、干草

其他资材
毛线、拉菲草、玻璃花瓶

>> 枯草中绽放的春花

H 40 cm　⌀ 50 cm　⏱ 10 min

花材
白桦、风信子、水仙、郁金香、天蓝尖瓣木、干草

其他资材
花艺铁丝、拉菲草、花器

H 30 cm　Ø 45 cm　⏱ 15 min

花材
纸花葱、欧洲银莲花、风蜡花、风信子、葡萄风信子、水仙、干草

其他资材
毛线、波纹铁丝、花艺铁丝、拉菲草、花器

主题 2　别具匠心的花束

》草编篮子作为花器

H 60 cm　**⌀** 30 cm　**⊙** 10 min

花材
大花葱、贝雷红瑞木、荷兰鸢尾、郁金香、欧洲荚蒾、树枝

其他资材
带子、麻绳、拉菲草、篮子、花瓶

H 60 cm　**⌀** 30 cm　**⏱** 10 min

花材
大花葱、柳叶马利筋、金盏花、大戟、火龙珠、荷兰鸢尾、郁金香、树枝

其他资材
麻绳、拉菲草、篮子、玻璃花瓶

▶ 彩色布条做装饰的花束

H 40 cm **⌀** 20 cm **⏱** 12 min

花材
袋鼠爪、柳叶马利筋、花格贝母、翠扇、郁金香、构树皮、树枝

其他资材
彩色布条、麻绳、金属网、花艺铁丝、拉菲草、热熔胶、花瓶

| H | 45 cm | Ø | 25 cm | ⏱ | 10 min |

花材
多花素馨、绣线菊、郁金香、构树皮、树枝

其他资材
彩色布条、麻绳、金属网、花艺铁丝、拉菲草、热熔胶、花瓶

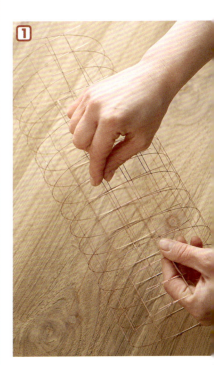

制作技巧

① 裁剪金属网，并将其弯卷成圆柱状。② 将构树皮和彩色布条缠绕在金属网上，并用热熔胶加固。在金属网架构里添加花材，完成花束制作。

❯❯ 皮革做环形装饰的花束

H 32 cm　⌀ 22 cm　⏱ 12 min

花材
圆叶柴胡、大戟、矾根（珊瑚铃）、勿忘草、花毛茛、紫盆花、郁金香、干草、树枝

其他资材
人造皮革、花艺铁丝、秸秆环、拉菲草、花艺胶带、热熔胶、花瓶

H 45 cm　⌀ 45 cm　⏱ 12 min

花材
圆叶柴胡、矾根（珊瑚铃）、花毛茛、紫盆花、大戟、蓝丁香、郁金香、干草、树枝

其他资材
人造皮革、花艺铁丝、秸秆环、拉菲草、花艺胶带、热熔胶、花瓶

提示
用热熔胶将人造皮革粘贴在秸秆环上，并用花艺铁丝加固。随后完成花束制作。

树皮架构花束

H 15 cm　⌀ 35 cm　⏱ 10 min

花材
袋鼠爪、岩白菜、金盏花、洋桔梗、小苍兰、葡萄贝母、风信子、花毛茛、纽扣菊、翠扇、欧洲荚蒾、构树皮

其他资材
花艺铁丝、拉菲草、花瓶

H 30 cm　∅ 30 cm　⏱ 10 min

花材
纸花葱、袋鼠爪、圆叶柴胡、金盏花、洋桔梗、小苍兰、葡萄贝母、风信子、花毛茛、大戟、纽扣菊、翠扇、欧洲荚蒾、构树皮

其他资材
花艺铁丝、拉菲草、花瓶

提示

① 冲洗并湿润构树皮。

② 湿润后的构树皮柔韧性增加，可以随意弯折和打结，制作成网状架构。

主题 3　绿色叶材为主角的花束

>> 青翠的绿叶花束

H 30 cm　⌀ 35 cm　⏱ 10 min

花材
紫花细茎葱、大星芹、青荀、拟石莲花属多肉植物、大花淫羊藿、长生草、欧丁香

其他资材
蜗牛壳、花艺铁丝、拉菲草、热熔胶、花瓶

H 38 cm　Ø 37 cm　⏱ 18 min

花材

拉马克唐棣、大星芹、铁线莲、马丁尼大戟、洋桔梗、巨根老鹳草、银杏叶、东方铁筷子、矾根、西洋接骨木、紫盆花、长生草、欧洲荚蒾、树枝

其他资材

扣丝、花艺铁丝、竹签、拉菲草、花艺胶带、花瓶

制作技巧

① 借助铁丝扎钩将树枝用扣丝连结成一个网状架构。

② 在网状架构中固定3根花艺铁丝,再用花艺胶带将铁丝末端绑在一起,做成一个手柄。最后插入花材,完成花束。

夏日风情——叶片花束

H 28 cm　**Ø** 36 cm　**⊙** 15 min

花材
心叶牛舌草、'手鞠草'须苞石竹、大花淫羊藿、洋桔梗、矾根、玉簪、西班牙蓝铃花、欧洲白头翁

其他资材
蜗牛壳、花艺铁丝、拉菲草、热熔胶、花瓶

H 29 cm　**⌀** 23 cm　**⏱** 8 min

花材
柔毛羽衣草、大星芹、铁线莲、长生草、欧洲荚蒾

其他资材
竹签、拉菲草、花瓶

红色作为视觉焦点的绿色花束

H 25 cm　**⌀** 22 cm　**⊙** 8 min

花材
青葙、'手鞠草'须苞石竹、多彩大戟、巨根老鹳草、矾根、玉簪、绣球、长生草

其他资材
竹签、拉菲草、花瓶

H 30 cm　⌀ 32 cm　⏱ 18 min

花材

柔毛羽衣草、柴胡、'手鞠草'须苞石竹、拟石莲花属多肉植物、大花淫羊藿、马丁尼大戟、东方铁筷子、矾根、西班牙蓝铃花、藤绣球、芍药、树枝

其他资材

合股铁丝、花艺铁丝、竹签、拉菲草、花艺胶带、花瓶

制作技巧

① 将多肉植物插到竹签上。

② 多肉植物的茎被延长了,可以顺利地与其余花材捆扎成一束。

≫ 以蕨叶为主角的绿叶花束

H 38 cm　**⌀** 25 cm　**⏱** 8 min

花材
蓝花耧斗菜、西班牙蓝铃花、荚果蕨、紫罗兰、粗脉蕨、镰叶草、凤尾蕨、欧洲白头翁

其他资材
麻绳、拉菲草、花瓶

H 40 cm　⌀ 25 cm　⏱ 8 min

花材

柔毛羽衣草、紫花细茎葱、蓝花耧斗菜、大星芹、青葙、荚果蕨

其他资材

蜗牛壳、麻绳、花艺铁丝、拉菲草、热熔胶、花瓶

主题 4　夏季白绿色清凉感花束

H 40 cm　⌀ 43 cm　⏱ 15 min

花材
小丽花、野胡萝卜、康乃馨、宽叶香豌豆、兔儿尾苗、纽扣菊

其他资材
拉菲草

| H | 43 cm Ø 38 cm
15 min

花材
大星芹、波斯菊、小丽花、野胡萝卜、康乃馨、圆锥绣球、紫罗兰、油橄榄、绵毛水苏、南非植物

其他资材
麻绳、拉菲草

| H | 80 cm | ⌀ | 30 cm |
| 8 min |

花材
峨参、铁线莲、翠雀、虎杖、高加索蓝盆花

其他资材
麻绳、拉菲草

H 57 cm　Ø 27 cm
8 min

花材

野胡萝卜、绣球、圆锥绣球、兔儿尾苗、高加索蓝盆花、宽叶香豌豆、树枝

其他资材

麻绳、拉菲草

H 52 cm　Ø 40 cm
⏱ 8 min

花材
峨参、风铃草、紫罗兰、高加索蓝盆花

其他资材
麻绳、拉菲草

H 30 cm　⌀ 23 cm　⏱ 8 min

花材
大星芹、翠雀、宽叶香豌豆、日本补血草、紫罗兰、黑种草、圆锥绣球、树枝

其他资材
花艺铁丝、麻绳、拉菲草

H 34 cm　⌀ 35 cm　⏱ 10 min

花材
木茼蒿、康乃馨、满天星、黑种草、天蓝绣球

其他资材
拉菲草

H 22 cm　⌀ 24 cm　◷ 8 min

花材
峨参、木茼蒿、白泻根、聚花风铃草、铁线莲、小丽花、绣球、宽叶香豌豆

其他资材
拉菲草

主题 5　秋叶为主角的花束

H 35 cm　⌀ 50 cm　⏱ 12 min

花材
菊花、拉毛果、松果菊、欧洲卫矛、芒草、酸浆、玫瑰、海棠果

其他资材
拉菲草

H 26 cm　**⌀** 40 cm
⏲ 15 min

花材
菊花、小丽花、拉毛果、欧洲卫矛、酸浆、玫瑰、海棠果

其他资材
拉菲草

H 20 cm　**⌀** 30 cm
⏲ 12 min

花材
小丽花、松果菊、欧洲卫矛、多花海棠、毛绒樱、玫瑰、海棠果、枫叶

其他资材
花艺铁丝、拉菲草

H 25 cm　**Ø** 26 cm
⏱ 15 min

花材
干穗谷、小丽花、欧洲卫矛、多花海棠、毛绒稷、玫瑰、海棠果、枫叶

其他资材
金属环、花艺铁丝、缝纫线、拉菲草

H 25 cm　**⌀** 26 cm
⏱ 15 min

花材
欧洲栗、菊花、松果菊、欧洲卫矛、针垫花、多花海棠、玫瑰、蔷薇果、枯叶

其他资材
铁丝、花艺铁丝、拉菲草

H 20 cm　**⌀** 23 cm
⏱ 10 min

花材
欧洲七叶树、千穗谷、红花欧石楠、欧洲卫矛、金丝桃、针垫花、多花海棠、玫瑰、蔷薇果、枯叶

其他资材
铁丝、花艺铁丝、拉菲草

H 20 cm　Ø 35 cm
⏱ 10 min

花材
菊花、松果菊、多花桉、针垫花、毛绒稷、爬山虎、玫瑰、蔷薇果

其他资材
花艺铁丝、拉菲草

H 30 cm　Ø 35 cm
⏱ 10 min

花材
菊花、松果菊、针垫花、毛绒稷、爬山虎、玫瑰、蔷薇果

其他资材
花艺铁丝、拉菲草

主题 6　松枝装点的冬季花束

H 84 cm　**⌀** 36 cm　**⏱** 5 min

花材
袋鼠爪、贝雷红瑞木、朱顶红、北美乔松、黄花柳

其他资材
毛线、雪花饰品、拉菲草、热熔胶

H 90 cm　**⌀** 39 cm　**⏱** 5 min

花材
贝雷红瑞木、朱顶红、欧洲落叶松、油橄榄、虎眼万年青、北美乔松、地衣枝

其他资材
装饰球、毛线、丝带、雪花喷雾、拉菲草、热熔胶

H 36 cm　**⌀** 44 cm
⏱ 10 min

花材
饰球花、仙客来、蓝桉、鳞叶菊、纳丽石蒜、油橄榄、意大利五针松、北美乔松

其他资材
竹签、拉菲草、热熔胶

H 38 cm　**Ø** 44 cm
⏱ 15 min

花材
欧洲银莲花、蓝桉、非洲菊、圣诞玫瑰、欧洲落叶松、纳丽石蒜、油橄榄、北美乔松、黄花柳

其他资材
雪花喷雾、花艺铁丝、拉菲草

H 30 cm　⌀ 32 cm　⏱ 15 min

花材
灰枝、东方铁筷子、木百合、欧洲山松、日本茵芋、松树枝、松果

其他资材
装饰球、颜料、秸秆环、扣丝、花艺铁丝

制作技巧
先用扣丝将松树枝固定在秸秆环外，然后将制作好的花束放入圆环中。

H	33 cm	⌀	36 cm
⏱	10 min		

花材
灰桉、朱顶红、木百合、松果

其他资材
松枝花环、装饰球、雪花喷雾、竹签、花艺铁丝

3

节日花礼与插花

主题 1
浪漫的情人节花礼

花店墙面的情人节主题装饰

装饰在背景墙上的文本框或对话气泡凸显出"情人节"的主题。可以用美纹纸胶带直接在墙面上做出装饰造型,也可以将厚卡纸裁剪出造型再粘贴在墙面上,还可以如下图所示用蜂窝纸板制作一个凸出于墙面的立体装饰。

制作技巧

1. 用电锯在蜂窝纸板上裁切出一个对话气泡的形状。
2. 用刷子或粗马克笔勾边,然后在中间写上文字。

▶ 心形花礼

| H | 18 cm | L | 50 cm |
| B | 34 cm | ⊙ | 18 min |

花材
仙客来、柳叶桉、非洲菊、圣诞玫瑰、纳丽石蒜、新娘花

其他资材
彩绳、礼品标签、木棒、藤皮铁丝、花艺铁丝、U形针、热熔胶、带托盘的心形花泥

制作技巧

[1] 把带有托盘的心形花泥倒扣在水面上，使其充分吸水。 [2] 在花泥四周插入柳叶桉，并用U形针固定。然后沿着花泥边缘插入其他花材，将心形的中间部分留出。 [3] 用藤皮铁丝制作出箭头和箭尾的形状，然后固定到木棒的两端。最后把制作完成的"箭"用U形针固定在心形花泥上。

H 63 cm　**L** 20 cm
B 10 cm　**⏱** 20 min

花材

风蜡花、柳叶桉、非洲菊、圣诞玫瑰、长寿花、长生草、新娘花、苔藓

其他资材

礼品标签、彩绳、花瓶、花艺铁丝、木棒、牙签、热熔胶、带托盘的心形花泥

制作技巧

1️⃣ 用热熔胶把木棒粘到心形花泥的背面。2️⃣ 利用花艺铁丝将苔藓覆盖在心形花泥上。3️⃣ 插入花材，最后在木棒上缠好彩绳并系好礼品标签。

花环花礼

H 12 cm　Ø 33 cm　⏱ 10 min

花材
铁线莲、柳叶桉、疏花桉、非洲菊、长寿花、纳丽石蒜、长生草、新娘花、三色堇

其他资材
缎带、礼品标签、牙签、带托盘的环形花泥

制作技巧

1. 用缎带将环形花泥松松地缠绕起来，使花泥透过彩带的缝隙仍然可见。
2. 插入花材，固定好礼品标签。

▶ 用树皮、纸品包装的花礼

H 40 cm　**L** 20 cm
B 20 cm　**⊙** 15 min

花材
风蜡花、圣诞玫瑰、风信子、绣球、纳丽石蒜、油橄榄、玫瑰、法国梧桐、树皮

其他资材
绳子、花艺铁丝、墙漆、水性喷漆、带托盘的花泥

制作技巧

1. 花泥泡好后，沿四周切掉大约1cm宽的边。
2. 在切边处插入已经喷好颜色的块状树皮，围成一个圈。然后在中间插入花材。
3. 将花艺铁丝制作的心形装饰放入墙漆中上色后，插入花泥。

H 32 cm	L 18 cm
B 14 cm	⏱ 10 min

花材

铁线莲、仙客来、柳叶桉、圣诞玫瑰、风信子、马蹄莲

其他资材

纸袋、水性喷漆、带托盘的花泥

制作技巧

①将硬纸板剪出对话气泡的形状,然后将镂空的纸板放在纸袋上,喷一层粉红色的漆。稍稍移动纸板的位置,把另外一个小的心形纸片放在镂空处,再喷一层黑色的漆。

②把花泥放到纸袋里面,插入花材。

H 36 cm　⌀ 30 cm　⏱ 20 min

花材

大星芹、铁线莲、仙客来、圣诞玫瑰、油橄榄、玫瑰、新娘花、郁金香

其他资材

缎带、绳子、藤皮铁丝、铁丝、花艺铁丝、美纹纸胶带、瓦楞纸板、热熔胶、花艺胶带、带托盘的花泥

制作技巧

1 用花艺胶带在花泥四周缠绕几圈,做防潮处理。**2** 将条状瓦楞纸板围着花泥四周粘贴一圈。**3** 用电动螺丝刀将彩色的藤皮铁丝缠绕在1根粗铁丝上,然后弯折成字母的形状。**4** 插入花材和字母装饰,并在基座外圈缠绕美纹纸胶带、缎带和绳子。

小花器的插花花礼

H 27 cm　Ø 16 cm　⏱ 8 min

花材
风蜡花、仙客来、风信子、纳丽石蒜、郁金香

其他资材
玻璃罐、美纹纸胶带、礼品标签、花泥

H 32 cm	L 22 cm
B 12 cm	⏱ 10 min

花材

多花桉、圣诞玫瑰、纳丽石蒜、油橄榄、玫瑰、郁金香

其他资材

心形木片、心形礼品标签、彩绳、木块、水性喷漆、热熔胶、带托盘的花泥

制作技巧

① 将心形木片和礼物标签用彩绳穿在一起，粘到上色后的木块侧边。然后将花泥托盘粘到木块的上方，放入泡好的花泥。

② 插入花材，注意不要将花泥完全遮盖住。

主题 2　搭配球根植物的春季花礼

>> 球根植物搭配盒形花器

| H | 30 cm | L | 14 cm |
| B | 14 cm | ⓒ | 15 min |

花材
圣诞玫瑰、葡萄风信子(人造花)、花毛茛、玫瑰、郁金香(人造花)、干草、细枝

其他资材
陶瓷花器、瓦楞纸板、竹签、双面胶、热熔胶、花泥

H 45 cm	L 30 cm
B 15 cm	⏱ 15 min

花材
风信子、虎眼万年青、花毛茛、黄花柳、郁金香、紫洋葱、黄洋葱、树枝

其他资材
陶瓷花器、竹签、牙签

制作技巧

[1] 用2根竹签将不同大小的洋葱球串接起来,形成一个与长方形花器大小相当的架构。然后在2根竹签间穿插一些带小洋葱球的牙签和树枝,形成架构的平面。

[2] 将架构放置在花器上作为花留,插入花材,然后放上带球根的风信子。必要时可用牙签加固。

球根植物搭配碗形花器

- H 40 cm
- L 27 cm
- B 23 cm
- ⏱ 10 min

花材
风信子、洋葱、干藤枝

其他资材
陶瓷花器、牙签、种植土

装饰元素
陶瓷乌龟摆件

| H | 36 cm | L | 24 cm |
| B | 23 cm | ⏱ | 8 min |

花材
风信子、洋葱、苔藓、树枝

其他资材
陶瓷花器、牙签、花艺铁丝

装饰元素
陶瓷茶烛烛台

球根植物花环

H 22 cm ⌀ 40 cm ◎ 20 cm

花材
风信子、紫洋葱、黄洋葱、郁金香种球、树枝

其他资材
陶瓷小鸟摆件、铁丝、秸秆环、牙签、竹签、热熔胶

制作技巧
用牙签将各类种球固定在秸秆环上。风信子去土洗净后,同样用牙签固定在花环上。

H 50 cm　**⌀** 18 cm
◎ 15 cm

花材
欧洲银莲花、康乃馨、葡萄风信子(人造花)、黄花柳、郁金香(人造花)、洋葱、干草

其他资材
陶瓷花器、玻璃花瓶、拉菲草、铁丝、竹签

制作技巧

① 将3种不同的洋葱球用铁丝串接起来，绕成3个圆环。

② 在圆环的三等分点处分别插入1根竹签，用铁丝加固，形成一个架构。最后插入制作好的花束。

主题 3
充满活力的春季花艺

» 手工制作的花器与春季花材

H 34 cm **Ø** 17 cm **⊙** 5 min

花材
贴梗海棠、水仙

其他资材
报纸、棉绳、纸艺鸟、硬纸板、喷胶、热熔胶、双面胶、带托盘的花泥

| H | 24 cm | L | 21 cm |
| B | 20 cm | ⊙ | 12 min |

花材
银荆、花毛茛

其他资材
手工纸、双脚钉、带托盘的花泥

制作技巧

① 将手工纸剪成圆形，用于包裹花泥。② 如图2和右侧线图所示，在圆周四分之一虚线处剪开，并折叠成长方形的花盒形状。③ 在折叠处打孔，并用2个双脚钉固定花盒。④ 浸泡花泥并进行插花。

H 38 cm　L 32 cm
B 21 cm　⏱ 20 min

花材
银荆、欧洲银莲花、风信子、葡萄风信子、树枝

其他资材
染色的干燥叶片、羽毛、棉绳、热熔胶、双面胶、带托盘的花泥

刷油漆的罐子与春季花材

H 33 cm　⌀ 11 cm　⏱ 5 min

花材
'白纸'水仙、翠扇

其他资材
锡铁罐、纸艺鸟、棉绳、热熔胶、花泥砖、水性喷漆

| H | 18 cm | ⌀ 15 cm | ⏱ 10 min |

花材
银荆、花毛茛

其他资材
羽毛、陶罐、颜料、蜡笔、带托盘的花泥

制作技巧

[1] 将颜料均匀地涂抹在陶罐上，等待风干。[2] 用蜡笔在干透的陶罐上写字。[3] 浸泡花泥，并在花泥上插花。

147

用干树枝衬托春花的活力

H 40 cm　∅ 26 cm　⏱ 12 min

花材
贴梗海棠、郁金香、苹果树枝

其他资材
亚麻布条、颜料、彩绳、羽毛、双面胶、带托盘的花泥

制作技巧

1. 浸泡花泥。将双面胶缠绕在圆形花器外部边缘。 2. 粘贴亚麻布条,并进行后续的花艺制作。

H 15 cm	⌀ 34 cm
⏱ 30 min	

花材

银莲花、多花素馨、葡萄风信子、'白纸'水仙、花毛茛、翠扇、天蓝尖瓣木（蓝星花）、苹果树枝

其他资材

羽毛、麻绳、秸秆环、U形针、花艺胶带、带托盘的环形花泥

制作技巧

① 将泡好后的环形花泥放置于秸秆环中心，并用花艺胶带缠绕固定。② 苹果树枝用麻绳捆绑成小束。③ 将绑成小束的苹果树枝用U形针固定在秸秆环上，添加花材。

春花制作的球形花艺

H 32 cm **L** 40 cm
B 15 cm **⏱** 5 min

花材
银荆、银莲花、葡萄风信子、天蓝尖瓣木（蓝星花）

其他资材
枝权、纱线、球形花泥

| H | 48 cm | L | 37 cm | B | 15 cm | ⏱ | 12 min |

花材

银莲花、多花素馨、葡萄风信子、花毛茛、贴梗海棠、树枝

其他资材

羽毛、花艺铁丝、球形花泥

制作技巧

[1] 浸泡花泥，用棕色花艺铁丝将干树枝缠绕在花泥边缘，形成鸟巢状。[2] 以干树枝进一步装饰花泥底部，形成完整的鸟巢。[3] 花瓶中放入带枝杈的树枝，将鸟巢基座固定在树枝上，并以鲜花装饰鸟巢。

主题 4

鲜花与美酒的双重礼物

» 一瓶酒的鲜花装饰

H 25 cm　∅ 13 cm　⏱ 8 min

花材
紫盆花、翠扇

其他资材
酒瓶、麻绳、礼物标签、纸包铁丝、塑料试管、啪啪圈、双面胶

制作技巧

[1] 将塑料试管用翠扇草包裹起来。 [2] 缠绕纸包铁丝作为装饰。 [3] 在啪啪圈上粘贴双面胶，防止后续缠绕的麻绳散开。 [4] 将包裹好的塑料试管用铁丝固定在啪啪圈一侧，卷到酒瓶上。最后在试管中插入紫盆花。

H 45 cm　**Ø** 20 cm

⏱ 10 min

花材
落新妇、大星芹、小盼草、铁线莲、紫盆花、黑穗赤箭莎

其他资材
葡萄酒瓶、礼物标签、麻绳、玻璃纸、带托盘的圆柱形花泥

制作技巧

1 在花泥上用勺子挖出一个圆洞，用来放置酒瓶。**2** 为了防止酒瓶标签浸水掉落，可在酒瓶和花泥中间垫一层玻璃纸。**3** 赤箭莎环绕酒瓶垂直插入花泥，围成一个圈。**4** 最后插入其余花材。

H 48 cm　Ø 20 cm　15 min

花材
蓝星鸢尾叶、落新妇、大星芹、小盼草、紫盆花、纽扣菊、翠扇

其他资材
红酒瓶、麻绳、盘子、橡皮圈、自粘式花泥钉、环形花泥

❯❯ 打造清凉感的美酒花饰

- H 30 cm
- L 36 cm
- B 22 cm
- ⏱ 15 min

花材
袋鼠爪、大星芹、天蓝绣球、花毛茛、迷迭香、紫盆花、翠扇

其他资材
香槟酒瓶、香槟杯、丝带、麻绳、彩砂、自粘式花泥钉、双面胶、带托盘的花泥

H 23 cm	⌀ 37 cm
⏱ 20 min	

花材

大星芹、铁线莲、洋桔梗、狭叶薰衣草、花毛茛、紫盆花、翠扇

其他资材

酒瓶、玻璃容器、饮料瓶、冰块、记号笔、带托盘的环形花泥

制作技巧

[1] 用记号笔在玻璃容器的外围绘制文字装饰。 [2] 将玻璃容器放置在环形花泥中心的托盘上，并插入花材。 [3] 最后把酒瓶、饮料瓶和冰块放入玻璃容器中。

多瓶酒的鲜花装饰

H 33 cm　⌀ 18 cm　⏱ 8 min

花材
袋鼠爪、蓝星鸢尾叶、落新妇、小盼草、铁线莲、玫瑰、翠扇

其他资材
啤酒瓶、啤酒杯、麻绳、拉菲草、礼物标签、花泥

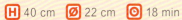 H 40 cm ⌀ 22 cm ⏱ 18 min

花材
大星芹、小盼草、铁线莲、天竺葵叶、紫盆花

其他资材
葡萄酒瓶、麻绳、软木塞、彩色石子、牙签、自粘式花泥钉、花泥砖、陶瓷底座

制作技巧

1 在花泥砖上切出一个瓶子形状的轮廓。 2 打磨切下的花泥块,做成酒瓶状。 3 将瓶状花泥通过自粘式花泥钉固定在底座侧边。 4 利用牙签把软木塞插在瓶状花泥顶部,并在连接处缠上麻绳。最后插入花材,酒瓶放在侧边。

开满鲜花的酒箱

H 40 cm **L** 27 cm **B** 18 cm **⏱** 18 min

花材
袋鼠爪、大星芹、狭叶薰衣草、玫瑰、紫盆花、翠扇、树枝

其他资材
饮料瓶、木箱、麻绳、彩纸、热熔胶、带托盘的花泥

H 40 cm　　**L** 36 cm　　**B** 24 cm　　**⊘** 18 min

花材

落新妇、大星芹、小盼草、紫罗兰、天竺葵叶、紫盆花、纽扣菊、翠扇

其他资材

啤酒瓶、铁丝篮、拉菲草绳、丝带、双面胶、带托盘的花泥

制作技巧

[1] 用双面胶将宽丝带缠绕固定在花泥托盘外围，然后放入泡好的花泥。[2] 将拉菲草绳松松地缠绕在花泥上。[3] 将2个缠好拉菲草的花泥分别放置在铁丝篮的两侧。[4] 插入花材。

主题 5

带有祝福语的花礼

Ein Hoch auf Dich!

H 60 cm Ø 12 cm
⏱ 12 min

花材

金鱼草、大星芹、铁线莲、波斯菊、巨根老鹳草、香豌豆、翠扇、蜡菊、野胡萝卜、树枝

其他资材

印字缎带、彩绳、编织筐、玻璃容器、热熔胶、花泥

H 30 cm　⌀ 12 cm
⏱ 10 min

花材

柔毛羽衣草、凌风草、铁线莲、香豌豆、大滨菊、黑种草

其他资材

印字缎带、蜡烛、铁罐、圆木棍、花艺铁丝、喷漆、双面胶、花泥

制作技巧

1 用喷漆给铁罐上色，然后放入泡好的花泥。 2 花艺铁丝螺旋缠绕在一根木棍上，抽出木棍后制作成一个蜡烛支架。 3 在支架中插入蜡烛，然后将其放置在已插入花材的铁罐中心。最后在铁罐外装饰印字缎带。

H 70 cm Ø 20 cm ⏱ 10 min

花材
大花葱、尾穗苋、铁线莲、金槌花、翠扇、蜡菊、小盼草

其他资材
印字缎带、木皮、孔眼铆钉、彩绳、花瓶、拉菲草、热熔胶

| H | 40 cm | ⌀ | 28 cm |
| ⏱ | 8 min | | |

花材
木茼蒿

其他资材
丝带、彩绳、木皮、玻璃罐、晾衣夹

H 38 cm	∅ 32 cm
⏱ 18 min	

花材

柔毛羽衣草、舒伯特葱、大星芹、铁线莲、波斯菊、石竹、黑种草、西番莲、蜡菊、香豌豆

其他资材

印字缎带、木皮、花瓶、波纹铁丝环、花艺铁丝、拉菲草、花艺胶带、定位胶带、热熔胶

制作技巧

[1] 用定位胶带把木皮粘到波纹铁丝环上,并在木皮外侧粘上印字缎带。

[2] 将制作完成的架构用花艺铁丝支撑起来,然后放入扎好的花束。

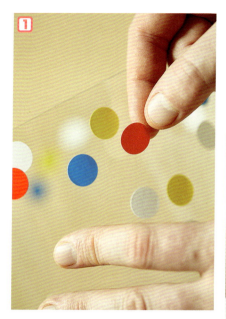

H 24 cm　**⌀** 26 cm　**⊙** 15 min

花材
圆头花葱、凌风草、金槌花、小丽花、石竹、爆竹百合、香豌豆、黑种草、西番莲、短舌匹菊

其他资材
印字缎带、玻璃花器、彩色圆形贴纸、双面胶

制作技巧

1. 将彩色圆形贴纸随意贴在玻璃花器上。
2. 把西番莲卷起来放入玻璃花器中，作为后续插花的花留。
3. 插入其余花材。

H 42 cm　L 32 cm
B 16 cm　⏱ 12 min

花材

柔毛羽衣草、金鱼草、凌风草、风铃草、金槌花、野胡萝卜、石竹、巨根老鹳草、大滨菊、西番莲、短舌匹菊、翠扇、波斯菊、干藤枝

其他材料

印字缎带、彩绳、木箱、玻璃杯、热熔胶

H	60 cm	Ø	35 cm
⏱	12 min		

花材
蜡菊

其他资材
印字缎带、木皮、花器、彩绳、种植土、排水材料、热熔胶

| H | 15 cm | L | 32 cm |
| B | 23 cm | ⏱ | 15 min |

花材

柔毛羽衣草、尾穗苋、大星芹、风铃草、铁线莲、波斯菊、巨根老鹳草、香豌豆、翠扇、蜡菊

其他资材

印字缎带、木皮、热熔胶、带托盘的花泥

H 40 cm   Ø 23 cm
⊙ 8 min

花材

柔毛羽衣草、木茼蒿、波斯菊、金槌花、野胡萝卜、香豌豆、大滨菊、翠扇

其他资材

印字缎带、木皮、笑脸贴纸、花器、热熔胶、花泥

主题 ❻ 作为圣诞礼物的小型圣诞树

H 62 cm　⌀ 15 cm
⏱ 15 min

花材
美国尖叶扁柏、松塔

其他资材
花盆、花艺铁丝、金箔纸、灯串、星形饰品、颜料、热熔胶

H 70 cm　⌀ 14 cm　⏲ 20 min

花材
阿尔伯塔矮云杉、松塔

其他资材
花盆、丝带、星形饰品、包装纸、订书机、热熔胶、铺面石

制作技巧

① 将阿尔伯塔矮云杉定植在花盆中，并撒上与花器相配的铺面石。

② 把不同颜色的包装纸剪成环形，再将纸环剪一个开口穿插套在树干底部，用订书机把开口处连接起来。最后加入圣诞装饰品和松塔。

| H | 65 cm | L | 50 cm |
| B | 40 cm | ⏱ | 20 min |

花材
欧洲刺柏、松塔、树枝

其他资材
花器、装饰球、绳子、花艺铁丝、扣丝、蜡烛、烛台、星形饰品、颜料、热熔胶

| H | 62 cm | ⌀ | 16 cm |
| ⏱ | 15 min | | |

花材
兰星铺地柏、霸王空气凤梨、松塔

其他资材
花器、装饰球、人造藤枝、装饰铁丝、灯串、星形饰品、颜料、染色竹签、热熔胶

制作技巧

① 在花盆中放入泡好的花泥,插入兰星铺地柏。把几根染成绿色的竹签插入兰星铺地柏中,顶部扎成一捆。

② 分别将人造藤枝、灯串和装饰铁丝缠绕在竹签外。最后用热熔胶将空气凤梨、松塔和各种饰品固定在圣诞树上。

H 62 cm　**⌀** 15 cm　**⏱** 15 min

花材
欧洲云杉、云杉果、橡果

其他资材
花盆、装饰铁丝、纸质雪花、纸质星星、颜料、喷漆

| H | 60 cm | ∅ | 14 cm |
| ⏱ | 15 min |

花材
木麻黄、欧洲落叶松、欧洲云杉

其他资材
花盆、丝带、木棒铁丝、蜡烛、烛台、干花泥

提示

① 将星形饰品放在干花泥上作为模板，在每个尖角处插入一根竹签。

② 拿掉星形模板，剪短竹签，将不同颜色的铁丝依次绕过每根竹签，缠成星星的形状。

4

餐桌花艺

主题 1　编织花器的奶油色系餐桌花

H 12/19 cm　⌀ 20/27 cm　⌀ 20min

花材
银扇草、纳丽石蒜、油橄榄、花毛茛、玫瑰、翠扇

其他资材
编织花器、构树皮、花泥、玻璃纸

H 17 cm **L** 29 cm
B 20 cm **O** 12 min

花材
洋桔梗、银扇草、虎眼万年青、花毛茛、欧洲荚蒾、苔藓

其他资材
编织花器、叶脉叶片、包膜铁丝、花泥、玻璃纸

制作技巧

① 花泥泡好后，放入已经垫好玻璃纸的编织花器中。然后用苔藓覆盖花泥表面。

② 插入花材和用铁丝捆扎好的叶脉叶片。

H 25 cm **L** 55 cm
B 12 cm **⏱** 20 min

花材
仙客来、纳丽石蒜、玫瑰、欧洲荚
蒾、树枝

其他资材
编织花器、条状植物纤维、藤皮
铁丝、花泥、玻璃纸

| H 30 cm | ⌀ 25 cm | ⏱ 15min |

花材
风信子、油橄榄、花毛茛、郁金香、欧洲荚蒾、树枝

其他资材
编织花器、条状植物纤维、藤皮铁丝、竹签、花泥、玻璃纸

制作技巧

① 竹签插入编织花器侧面，如图所示留出一截。

② 将条状植物纤维缠绕在竹签上。花器中放入泡好的花泥，插入花材。

| H | 16/15 cm | L | 40/30 cm |
| B | 26/20 cm | ⏱ | 20 min |

花材

刺芹、小苍兰、绿花圣诞玫瑰、油橄榄、星花轮峰菊

其他资材

编织花器、硫酸纸、热熔胶、花泥、玻璃纸

| H 17/12 cm | ⌀ 24/16 cm |
| 15min | |

花材
花毛茛、玫瑰、苔藓、洋葱

其他资材
编织花器、牙签、花泥、玻璃纸

制作技巧

① 花泥泡好后，放入已经垫好玻璃纸的编织花器中。

② 花泥表面遮盖苔藓，然后用牙签将洋葱沿心形花器边缘插好，最后插入其余花材。

H 20cm **L** 40 cm
B 20cm **O** 10 min

花材
郁金香、苔藓、洋葱

其他资材
编织花器、藤条、花泥、玻璃纸

H 18cm　**L** 50 cm　**B** 20cm　**⊙** 10 min

花材
小苍兰、圣诞玫瑰、油橄榄、花毛茛

其他资材
编织花器、条状植物纤维、花泥、玻璃纸

制作技巧

① 在花器底座上的铁丝支架外缠绕几圈植物纤维，以遮挡防水玻璃纸。

② 花泥泡好后，放入花器中。插入花材，将植物纤维交叉置于花材上，并用热熔胶固定。

主题 2 自然材料
手工花器的
橘色餐桌花

H 35 cm   ⌀ 30 cm
⏱ 10 min

花材
大星芹、大戟、风信子、广玉兰、
郁金香、原木切片

其他资材
鹌鹑蛋、皮革、热熔胶、双面胶、
带托盘的花泥

| H | 63 cm | ⌀ | 29 cm |
| 🕒 | 5 min | | |

花材

大戟、广玉兰、虎眼万年青、郁金香

其他资材

鹌鹑蛋、羽毛、玻璃花器、U形针、花泥钉、粘条、花泥

制作技巧

① 浸泡花泥，并根据玻璃花器大小裁切花泥。② 在花器底部中央用粘条固定花泥钉。③ 大戟用U形针固定在花泥上。花泥无须完全遮挡，裸露的黑色花泥也具有一定的装饰效果。

H 35 cm, Ø 15 cm, ⏱ 15 min

花材
大星芹、郁金香、欧洲荚蒾、树枝

其他资材
人造鸡蛋、皮革、热熔胶、带托盘的花泥

| H | 18 cm | ⌀ 18 cm | ⓘ 15 min |

花材
花毛茛、郁金香、欧洲荚蒾、地中海荚蒾、树干

其他资材
羽毛、铁丝、橡皮圈、热熔胶、带托盘的花泥

制作技巧

1 用橡皮圈将羽毛固定在树干上。**2** 用热熔胶将带托盘的花泥（提前浸泡）固定在树干上。**3** 插入各种花材。

| H | 19 cm | L | 60 cm |
| B | 14 cm | ⏱ | 8 min |

花材
大星芹、风信子、花毛茛、郁金香、欧洲荚蒾、地中海荚蒾、树皮

其他资材
鹌鹑蛋、羽毛、藤皮铁丝、热熔胶、带托盘的花泥

H 25 cm　⌀ 14 cm　⏱ 6 min

花材
袋鼠爪、风信子、星花轮峰菊、郁金香、欧洲荚蒾、法国梧桐树皮

其他资材
玻璃杯、麻绳、花泥

H 18 cm **L** 33 cm
B 11 cm **⊙** 8 min

花材
洋桔梗、郁金香、欧洲荚蒾、地中海荚蒾、树枝

其他资材
鹌鹑蛋、羽毛、人造鸡蛋、麻绳、花艺胶带、热熔胶、带托盘的花泥

制作技巧

① 将树枝水平放置在花泥上,并用花艺胶带固定。

② 将麻绳缠绕在花艺胶带上,遮挡胶带。

H 13 cm　⌀ 30 cm　⏲ 15 min

花材
风蜡花、郁金香、欧洲荚蒾、树枝、干藤枝

其他资材
鹌鹑蛋、人造鸡蛋、鸡蛋、羽毛、盘子、皮带、U形针、铁丝、半球形花泥

制作技巧

① 树枝切段，用铁丝缠绕串联起来。② 将铁丝卷成蓬松的鸟巢形状，表面喷水制作锈迹斑斑的效果。③ 将树枝串缠绕固定在铁丝鸟巢上，中部放置泡好的半球形花泥。插入花材，装饰蛋类等。最后将整个作品放置在盘子上。

主题 3　柔美的粉色系餐桌花

» 在花器里装饰贝壳、羊毛等

H 40 cm　⌀ 30 cm　⏱ 10 min

花材
金鱼草、小盼草、铁线莲、日本补血草、天蓝绣球、玫瑰、紫盆花、纽扣菊、天蓝尖瓣木

其他资材
陶瓷花器、贝壳、花泥钉、粘条、花泥

| H 48 cm | ∅ 18 cm | ⏱ 12 min |

花材

紫花细茎葱、蓝花楼斗菜(人造花)、大星芹、小盼草、洋桔梗、绣球、日本补血草、紫罗兰、天竺葵、紫盆花、天蓝尖瓣木

其他资材

藤条、蜗牛壳、玻璃杯、花艺铁丝、带托盘的花泥、U形针

制作技巧

1. 将浸过水的花泥放置在装有蜗牛壳的玻璃杯上。
2. 藤条缠绕在花泥外围,并用U形针固定。
3. 最后插入花材。

H 40 cm　∅ 50 cm　⏱ 22 min

花材

蓝花楼斗菜(人造花)、小盼草、金槌花、洋桔梗、非洲菊、日本补血草、紫罗兰、紫盆花、纽扣菊

其他资材

卡皮斯贝壳、羊毛絮、陶瓷底座、带托盘的环形花泥

制作技巧

1. 将卡皮斯贝壳竖起来插在环形花泥上，贝壳之间保持一定距离。
2. 在贝壳间松松地填充一些羊毛絮。
3. 最后插入花材。

H 15 cm　⌀ 45 cm　⏱ 20 min

花材

大星芹、康乃馨、洋桔梗、多花素馨、日本补血草、紫盆花

其他资材

蜗牛壳、海胆壳、贝壳、陶瓷底座、羊毛絮、包膜铁丝、热熔胶、带托盘的环形花泥

制作技巧

1. 用包膜铁丝把羊毛絮松松地缠绕在环形花泥表面。
2. 用热熔胶将各种壳类粘在羊毛絮上。
3. 最后穿过羊毛絮插入花材。

粗毛线编织的花器

H 37 cm　Ø 18 cm　⏱ 15 min

花材
蓝花楼斗菜(人造花)、大星芹、日本补血草、紫罗兰、玫瑰、紫盆花、天竺葵叶

其他资材
毛线、纸带、双面胶、带托盘的花泥

| H 37 cm | ⌀ 30 cm | ⏱ 18 min |

花材
紫花细茎葱、金鱼草、小盼草、金槌花、康乃馨、洋桔梗、非洲菊、日本补血草、天蓝绣球、紫盆花

其他资材
布条线、双面胶、带托盘的花泥

制作技巧

① 把布条线编织成条状。

② 用双面胶粘在花泥的外围。

③ 将蜗牛壳洒在花泥表面,最后插入花材。

烛光与花香

| H 30 cm | ⌀ 40 cm | ⏱ 18 min |

花材
紫花细茎葱、大星芹、小盼草、洋桔梗、绣球、日本补血草、西番莲、玫瑰、紫盆花

其他资材
藤条、毛线、玻璃容器、蜡烛、砂子、花艺铁丝、自粘式花泥钉、带托盘的环形花泥

①

②

③

| H | 52 cm | ⌀ | 32 cm |
| ⏱ | 15 min | | |

花材

大星芹、铁线莲、洋桔梗、绣球、日本补血草、天竺葵叶、天蓝绣球、玫瑰

其他资材

蜗牛壳、海胆壳、蜡烛、陶瓷底座、花艺铁丝、热熔胶、烛台、自粘式花泥钉、球形花泥

制作技巧

① 将花泥球裁切成图2所示的形状。

② 用花泥钉将花泥固定在底座上。

③ 把花材和装饰物插在花泥上,最后加入蜡烛和烛台。

主题 4

自助餐的大型餐桌花

H 120 cm　⌀ 35 cm
⏱ 18 min

左侧花艺作品所需的花材和材料

花材
风铃草、翠雀、须苞石竹、黑种草、牧草

其他资材
带防水内衬的花篮、花泥

H 120 cm　**⌀** 25 cm　**⏱** 25 min

左侧花艺作品所需的花材和材料

花材
小盼草、唐菖蒲、黑种草、须苞石竹、牧草

其他资材
玻璃容器、花材茎秆、金属丝网、木棒铁丝、花泥

制作技巧

①　把各种草穿插到方形金属丝网上。将编好的草网用铁丝固定在花材茎秆上，然后插入装有花泥的花器中。②　把其余长茎花材穿过草网插入花泥中。

H 60 cm **L** 30 cm
B 25 cm ⏱ 10 min

右侧花艺作品所需的花材和材料

花材
大星芹、铁线莲、玉簪、紫罗兰、紫盆花

其他资材
花篮、玻璃容器、花泥

H 58 cm	**L** 30 cm
B 25 cm	**⊙** 15 min

右侧花艺作品所需的花材和材料

花材
凌风草、须苞石竹、硬叶蓝刺头、玉簪、紫罗兰、黑种草、紫盆花、西番莲

其他资材
带防水内衬的花篮、牙签、花泥

制作技巧

1. 玉簪的叶片对折之后用牙签固定。

2. 对折好的叶片一层层堆叠起来形成圆环，最后在圆环中间插入其余花材。

[H] 38 cm　[⌀] 20 cm　[⏱] 8 min

右侧花艺作品所需的花材和材料

花材
小盼草、硬叶蓝刺头、紫罗兰、西西里蜜蒜、紫盆花、翠扇

其他资材
带防水内衬的花篮、心形装饰棒、花泥

H 30 cm　**⌀** 23 cm　**⏲** 10 min

左后侧花艺作品所需的花材和材料

花材
大星芹、波斯菊、须苞石竹、石竹、洋桔梗、黑种草、翠扇、铁线莲

其他资材
带防水内衬的花篮、花艺铁丝、花泥、U形针

制作技巧

① 将泡好的花泥放入花篮中,用U形针把卷成环形的翠扇枝条固定在花泥上作为装饰。

② 插入其余花材。

主题 5 以谷穗为主角的餐桌花

| H | 17 cm | L | 70 cm | B | 18 cm | ⓞ | 15 min |

花材
欧蓍草、菊花、金鸡菊、金槌花、黑心金光菊、地榆、麦秆菊、百日菊、谷穗

其他资材
麻绳、花艺铁丝、带托盘的花泥

- **H** 20 cm **L** 20 cm
- **B** 20 cm ⏱ 10 min

花材
金鸡菊、小丽花、向日葵、金丝桃、多花海棠果、黑心金光菊、谷穗、秸秆

其他资材
玻璃底座、U形针、竹签、花泥

制作技巧

1. 花泥泡好后，覆盖秸秆，并用U形针固定。
2. 将不同种类的谷穗穿插在秸秆中，再将花材从上方插入。

H 50 cm　Ø 27 cm　⏱ 5 min

花材
莳萝、雄黄兰、向日葵、大麦、欧亚花楸

其他资材
丝带、彩绳、玻璃花器

H 46 cm ∅ 23 cm
12 min

花材

大丽花、松果菊、向日葵、黑心金光菊、地榆、麦穗

其他资材

丝带、玻璃花器、双面胶、橡皮圈

制作技巧

1. 在玻璃花器外侧缠绕一圈双面胶。

2. 麦穗穗头朝下包裹玻璃花器，并用橡皮圈固定，使麦穗穗头平铺在桌面上。丝带遮盖橡皮圈。最后在花器中加水并插入其他花材。

H 23 cm　**⌀** 20 cm　**⏱** 5 min

花材
燕麦、向日葵、多花海棠果、欧亚花楸

其他资材
花艺铁丝、花器

H 22 cm　Ø 12 cm　⏱ 5 min

花材
莳萝、小丽花、麦穗

其他资材
玻璃管、包膜铁丝

制作技巧

1. 用粗包膜铁丝制作一个球体。

2. 用细包膜铁丝将麦穗串成串，缠绕在铁丝球上。将玻璃管插入铁丝球，加水并插入鲜花。

主题 6　新年的餐桌花饰

≫ 跨年派对的餐桌花

H 29 cm　**⌀** 28 cm　**⏱** 15 min

花材
康乃馨、冈尼桉、兰花、长寿花、木百合、针垫花、齿瓣兰、玫瑰、松针

其他资材
装饰球、金箔、餐叉、标签、带状装饰铁丝、热熔胶、带托盘的花泥、喷胶

H 25 cm	L 40 cm
B 40 cm	⊙ 15 min

花材

花烛、斑克木、饰球花、菊花、蝴蝶兰、玫瑰、松针

其他资材

蜡烛、金箔、勺子、喷胶、热熔胶、自粘式花泥钉、带托盘的花泥

制作技巧

① 松针用金箔装饰后插在泡好的花泥侧边。② 在勺子背面粘上花泥钉,插入花泥中固定。③ 插入其他花材,最后用热熔胶将蜡烛固定在勺子里面。

龙舌兰叶作为花器的新年餐桌花

| H | 22 cm | L | 107 cm |
| B | 20 cm | ⊙ | 12 min |

花材
龙舌兰、花烛、拟石莲花属多肉植物、多花桉、Nebelia fragarioides（拉丁名，目前没有中文学名）、齿瓣兰、玫瑰、地中海荚蒾

其他资材
金箔、星形饰品、花艺铁丝、喷胶、热熔胶、花艺胶带、带托盘的花泥

H 17 cm　**L** 110 cm
B 20 cm　**⊙** 12 min

花材
龙舌兰、菊花、多花桉、木百合、针垫花、蝴蝶兰、石榴、星花轮峰菊、地中海荚蒾

其他资材
金箔、带状装饰铁丝、定位胶带、热熔胶、喷胶、带托盘的花泥

制作技巧

① 用定位胶带把泡好的花泥固定在龙舌兰叶面上。金箔用喷胶装饰在定位胶带表面以及龙舌兰叶面稍后会留空的位置。② 花泥表面再缠绕几圈带状装饰铁丝。③ 最后插入花材，并放入石榴。

旧书页的花环餐桌花

| H 16 cm | Ø 45 cm | ⊙ 12 min |

花材

橙黄饰球花、杂交蜘蛛文心兰、饰球花、康乃馨、多花桉、Nebelia fragarioides（拉丁名，目前没有中文学名）、地中海荚蒾、马蹄莲

其他资材

金箔、书页、秸秆环、插花针、热熔胶、带托盘的环形花泥

H 20 cm　**⌀** 50 cm
⏱ 12 min

花材
花烛、杂交蜘蛛文心兰、坎布里亚兰、菊花、柳叶桉、迷你文心兰、木百合、松塔、树枝

其他资材
金属箔、书页、人造藤枝、星形饰品、秸秆环、插花针、热熔胶、带托盘的环形花泥

制作技巧

1 用插花针将重叠的书页固定在秸秆环上。

2 翻转秸秆环,环形花泥粘贴在秸秆环上。书页逐一绕着秸秆环卷起固定。

3 插入花材和饰品,最后将藤枝缠绕在花泥外围。

香槟杯作为花器的餐桌花

H 35 cm　∅ 16 cm　⏱ 8 min

花材

斑克木、康乃馨、柳叶桉、迷你文心兰、文心兰、蝴蝶兰、马蹄莲

其他资材

人造藤枝、星形饰品、金箔、玻璃球、香槟杯、热熔胶、带托盘的花泥

| H | 31 cm | Ø | 20 cm | ⏱ | 8 min |

花材

花烛、坎布里亚兰、欧洲落叶松、霸王空气凤梨、地中海荚蒾

其他资材

原木切片、盘子、人造藤枝、星形饰品、香槟杯、蜡烛、金箔、皮革、皮带、自粘式花泥钉、热熔胶、喷胶、带托盘的花泥、喷漆

制作技巧

① 将花泥托盘粘到原木切片上。

② 在香槟杯底部覆盖一层金箔，粘上花泥钉，然后把杯子固定在花泥上作为烛台。最后插入花材和装饰物。

5

婚礼花艺

主题 1　新娘手捧花

>> 淡雅的春季手捧花

[H] 36 cm　[∅] 20 cm　[⏱] 5 min

花材
大星芹、刺芹、洋桔梗、风信子、荷兰鸢尾、狭叶薰衣草、日本补血草、银扇草、纳丽石蒜、郁金香、三色堇

其他资材
丝带、花艺铁丝、毛线、纸板、拉菲草、热熔胶、花艺胶带

H 32 cm　⌀ 23 cm　⏱ 45 min

花材

大星芹、风蜡花、仙客来、刺芹、绿花圣诞玫瑰、风信子、鳞叶菊、日本补血草、银扇草、玫瑰、天蓝尖瓣木、新娘花

其他资材

缎带、包膜铁丝、花艺铁丝、硬纸板、拉菲草、热熔胶、花艺胶带

制作技巧

① 从硬纸板上剪下一个环形，其内圈直径应与稍后完成的新娘花束的捆扎处直径大小相当。② 用包膜铁丝将鳞叶菊的嫩枝包裹在纸板环上。③ 将3根花艺铁丝分别固定在纸板环的三等分点上，弯折合并后用花艺胶带缠紧，做成手柄。④ 将制作好的半球形花束从上方插入环里，最后用缎带缠绕装饰手柄。

227

H 33 cm　Ø 23 cm　⏱ 30 min

花材

大星芹、铁线莲、康乃馨、绿花圣、玫瑰、狭叶薰衣草、玫瑰、星花轮峰菊、新娘花

其他资材

丝带、拉菲草、大头针

| H | 38 cm | ∅ | 22 cm | ⏱ | 30 min |

花材
大星芹、刺芹、洋桔梗、日本补血草、银香菊、星花轮峰菊、三色堇、纽扣菊

其他资材
蕾丝丝带、花艺铁丝、拉菲草、花艺胶带

提示

1 三色堇的花茎通常比较短，为了制作手捧花，要先制作延长茎。将三色堇用花艺胶带缠到花艺铁丝上即可，不必额外补水，三色堇也可以长时间保持良好状态。

2 新娘花束的捆绑处除了用柔软的绳子外，为了契合新娘的造型，也可系上蕾丝丝带等。

>> 毛茸茸的新娘手捧花

H 28 cm ∅ 22 cm
⏱ 50 min

花材
大星芹、爱之蔓、风蜡花、绿花圣诞玫瑰、银香菊、星花轮峰菊、新娘花、天蓝尖瓣木、三色堇、纳丽石蒜、香蒲绒

其他资材
蕾丝丝带、花艺铁丝、喷胶、热熔胶、泡沫半球、带泥花托

制作技巧

1. 在泡沫半球正中开一个小洞用于放入花托，半球外用喷胶粘满香蒲绒。
2. 把泡好的带泥花托用热熔胶粘到半球里。
3. 插入花材并装饰好爱之蔓，最后在半球外装饰一圈蕾丝丝带。

| H 35 cm | ⌀ 18 cm | ⌀ 45 min |

花材

仙客来、洋桔梗、玫瑰、银香菊、郁金香、天蓝尖瓣木、角堇、芒草穗

其他资材

丝带、塑料花盆、花艺铁丝、喷漆、热熔胶、喷胶、胶带、带泥花托

制作技巧

1. 在塑料花盆的底部中央剪出一个洞，穿入3根花艺铁丝弯折，并用胶带粘贴在花盆内壁上固定好，做成手柄。
2. 将花盆喷成白色。
3. 在花盆外面粘上厚厚的芒草穗。
4. 将带泥花托用热熔胶粘到花盆里，并插入其余花材。最后在芒草穗外装饰一圈丝带，再配上一个蝴蝶结。

多肉植物的新娘手捧花

H 28 cm　**⌀** 24 cm　**⏱** 60 min

花材
大花蕙兰、东云、蓝石莲、刺芹、蓝桉、多花桉、洋桔梗、玫瑰、星花轮峰菊、长生草

其他资材
缎带、花艺铁丝、牙签、热熔胶、冷凝胶、PVC胶带、带泥花托

| H | 28 cm | L | 27 cm |
| B | 23 cm | ⏱ | 25 min |

花材

爱之蔓、康乃馨、蓝石莲、刺芹、灰桉、蓝桉、玫瑰、长生草

其他资材

丝绒缎带、花艺铁丝、牙签、热熔胶、冷凝胶、PVC胶带、带托盘的花泥

制作技巧

1. 在长生草中心点处插入牙签。
2. 用长生草遮盖花泥，并加入其他花材。
3. 丝绒缎带做成蝴蝶结形状，并用铁丝固定在花束上。

| H 45 cm | ∅ 18 cm | ⏱ 50 min |

花材

蓝石莲、桉树、花毛茛、长生草、地中海荚蒾、干藤枝

其他资材

麻绳、竹签、铁丝、牙签、花艺胶带、带塑网的球形花泥

制作技巧

1. 将数根竹签插入提前泡好的花泥中作为手柄。 2. 用铁丝加固竹签。 3. 花艺胶带缠绕竹签，接着插入花材，完成花束制作。

| H | 28 cm | ∅ | 15 cm | ⊙ | 30 min |

花材

康乃馨、蓝石莲、鲁氏石莲、桉树、洋桔梗、玫瑰、星花轮峰菊

其他资材

皮革、麻绳、塑料管、光盘、牙签、花艺铁丝、热熔胶、PVC胶带、带泥花托

制作技巧

1️⃣ 在光盘两面覆盖皮革，在边缘粘贴麻绳作装饰。2️⃣ 浸泡花泥，连同花托插入光盘中空处，用塑料管延长花托把手。3️⃣ 麻绳缠绕装饰把手，尾端以胶水固定。

尤加利叶的新娘手捧花

H 53 cm　⌀ 27 cm
⏱ 40 min

花材
大星芹、风蜡花、桉树、多花桉、圆叶桉、油橄榄、贯众蕨、玫瑰、欧丁香、空气凤梨

其他资材
麻绳、丝绒缎带、竹签、热熔胶、PVC胶带、花艺胶带、带泥花托

| H | 24 cm | ⌀ 28 cm | ⏱ 20 min |

花材

寒丁子、大花蕙兰、东云、锦司晃、刺芹、多花桉、桉树、绣球

其他资材

麻绳、花艺铁丝、热熔胶、PVC胶带、花艺胶带、带泥花托

菊花为主花材的新娘手捧花

H 40 cm **⌀** 35 cm **⏱** 40 min

花材
袋鼠爪、饰球花、风蜡花、菊花、玫瑰、尤加利叶

其他资材
麻绳、花艺铁丝、拉菲草

H 48 cm　⌀ 45 cm　⏱ 20 min

花材
饰球花、菊花、美女蝎尾蕉、油橄榄、玫瑰、尤加利叶

其他资材
麻绳、拉菲草

H 50 cm ∅ 40 cm
⏱ 20 min

花材

饰球花、菊花、公主花、玫瑰、尤加利叶

其他资材

麻绳、蕾丝丝带、拉菲草

| H | 65 cm　⌀ 15 cm　⏱ 30 min

花材

风蜡花、菊花、晚香玉、尤加利叶

其他资材

蕾丝布、纸板、白纸、花艺铁丝、花艺胶带、热熔胶

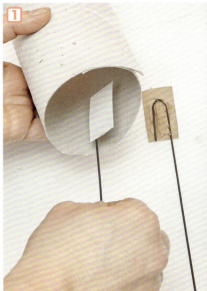

制作技巧

① 白纸粘贴在纸板的表面,卷成筒状。2根花艺铁丝一端弯折成U形,用热熔胶固定在小纸板上。然后将处理好的花艺铁丝牢牢地粘贴在纸筒内壁。用花艺胶带将铁丝尾部缠在一起作为手柄。② 在纸筒表面粘上蕾丝布。③ 最后插入花材,完成新娘手捧花。

≫ 波西米亚风情的新娘手捧花

H 50 cm　**Ø** 18 cm　**⏱** 21 min

花材
大星芹、饰球花、菊花、玫瑰、尤加利叶

其他资材
流苏吊篮、棉绳、花艺铁丝、拉菲草、花艺胶带

制作技巧

1. 选取一个大小适宜的流苏吊篮,剪去上面的挂绳。2. 将棉绳缠好的花艺铁丝固定在吊篮的上下两端,作为支架。
3. 将花材一枝枝插入吊篮中,与花艺铁丝捆绑在一起。

H 40 cm　Ø 34 cm　⏱ 20 min

花材
饰球花、风蜡花、菊花、针垫花、玫瑰、尤加利叶

其他资材
麻绳、丝带、花艺铁丝、拉菲草

缎带装饰的新娘手捧花

H 50 cm　**Ø** 30 cm　**⏱** 20 min

花材
尾穗苋、铁线莲、大丽花、野胡萝卜、松果菊、刺芹、绣球

其他资材
缎带、人造羽毛、拉菲草

| H | 20 cm | ∅ 32 cm | ⓘ 20 min |

花材
寒丁子、铁线莲、松果菊、绣球、玫瑰、星花轮峰菊、新娘花

其他资材
缎带、花艺铁丝、秸秆环、热熔胶、花艺胶带、带泥花托

制作技巧

1️⃣ 将宽缎带缠绕包裹秸秆环，将缠好花艺胶带的3根花艺铁丝等距缠绕固定在秸秆环上。然后把不同样式的缎带系在秸秆环上。 2️⃣ 利用3根铁丝将花托固定在秸秆环的中心，缠绕缎带将铁丝和花托捆绑在一起。 3️⃣ 插入鲜花，调整至半球形。

245

- H 30 cm
- ∅ 31 cm
- 20 min

花材
野胡萝卜、绣球、玫瑰、星花轮峰菊、新娘花

其他资材
缎带、花艺铁丝、热熔胶、心形花泥

H 30 cm　**⌀** 24 cm　**⌀** 20 min

花材
铁线莲、大丽花、刺芹、洋桔梗、绣球、马郁兰、玫瑰

其他资材
缎带、布艺蝴蝶、包膜铁丝、热熔胶、带泥花托

制作技巧

1. 用热熔胶把包膜铁丝粘在布艺蝴蝶上。
2. 在制作好的手捧花中加入带有铁丝的布艺蝴蝶。
3. 调整蝴蝶的位置和角度，仿佛蝴蝶在花丛中翩翩飞舞。

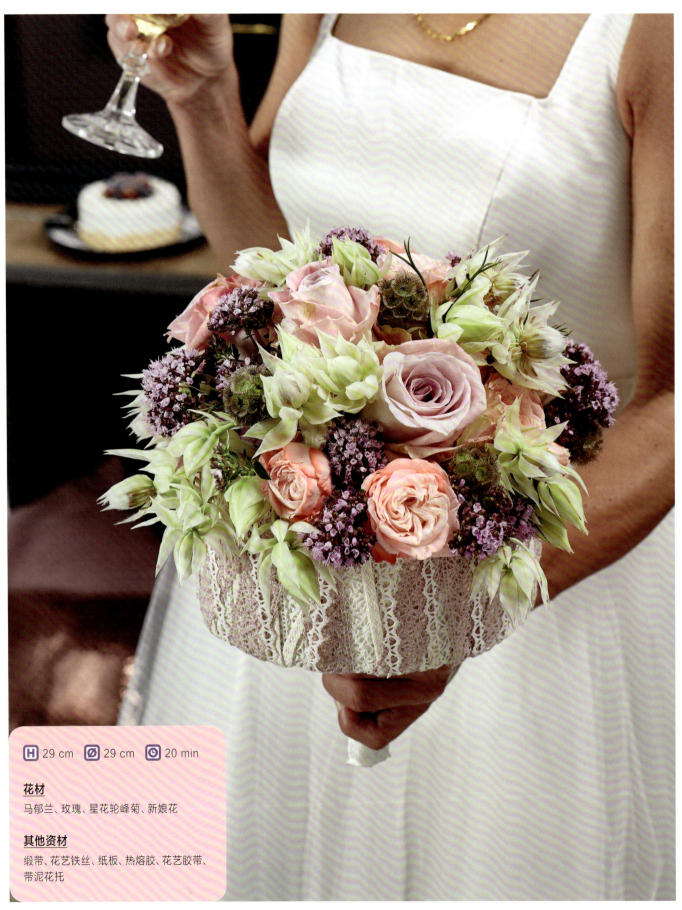

| H | 29 cm | ⌀ 29 cm | ⏱ 20 min |

花材
马郁兰、玫瑰、星花轮峰菊、新娘花

其他资材
缎带、花艺铁丝、纸板、热熔胶、花艺胶带、带泥花托

H 28 cm　**⌀** 30 cm　**⏱** 20 min

花材
珠薯、寒丁子、大丽花、松果菊、玫瑰

其他资材
缎带、花艺铁丝、花艺胶带、带泥花托

制作技巧

1. 将缎带折叠成环，数个缎带环合并在一起，用花艺铁丝扎紧尾部，做成缎带的延长茎。

2. 在延长茎上缠绕花艺胶带。

3. 将所有花材扎成半球形的花束，然后将缎带环逐个围在花束外层，扎紧花束。最后用缎带遮挡把手部分。

主题 2
绣球的空间花饰

H 150 cm ⌀ 90 cm ⏱ 12 min

花材
绣球

其他资材
丝带、心形挂饰、树盆、花艺铁丝、排水材料、种植土

H 185 cm　**Ø** 70 cm　**⏱** 18 min

花材
满天星、绣球

其他资材
藤皮、丝带、金属杆、树盆、波纹铁丝环、花艺铁丝、装饰铁丝、排水材料、种植土、绳子

制作技巧
具有象征意义的花环是将满天星缠绕在波纹铁丝环上制成的。

| H | 140 cm | Ø | 40 cm |
| ⏱ | 15 min | | |

花材
满天星、绣球

其他资材
漂白的细杆、丝带、树盆、花艺铁丝、装饰铁丝、排水材料、种植土、绳子

H 80 cm ∅ 40 cm
⏱ 15 min

花材
绣球、干玫瑰花瓣

其他资材
丝带、绳子、装饰铁丝、树盆、排水材料、种植土、喷漆、热熔胶、带托盘的心形花泥、自喷漆

制作技巧

① 将心形花泥喷成白色。② 在花泥表面和四周用热熔胶粘满干玫瑰花瓣。
③ 把装饰好的心形花泥用丝带系到树盆上，最后种入绣球花。

H 40 cm　⌀ 35 cm　⏲ 10 min

右侧花艺作品所需的花材和材料

花材
绣球

其他资材
藤皮、丝带、陶瓷花器、花艺铁丝

[H] 50 cm　[Ø] 50 cm　[⊙] 18 min

花材
绣球、银扇草、苔藓

其他资材
陶瓷花器、U形针、秸秆环、排水材料、种植土、包装棉纸、热熔胶

制作技巧

① 用棉纸和苔藓把秸秆环包裹起来。② 将银扇草用热熔胶粘到秸秆环上。
③ 把制作完成的花环放在陶瓷花器上，最后种入绣球花。

6

家居与办公空间装饰花艺

主题 1
迎春入室——
春天的家居花饰

- H 47 cm
- L 14 cm
- B 14 cm
- ⏱ 8 min

花材
花格贝母、'新娘花冠'洋水仙、郁金香、黄花柳、小洋葱、苔藓

其他资材
叶脉叶片、花盆、种植土、热熔胶

| H | 98 cm | L | 100 cm |
| B | 70 cm | ⓘ | 15 min |

花材
多花素馨、树枝

其他资材
花盆、流苏挂网、麻绳、涂料、吊环

装饰性元素
喷水壶、玻璃花瓶

制作技巧

① 将带吸水纤维的吸水棒自下而上穿过花盆。② 将植物种到花盆里,并放入合适的蓄水底托。

| H | 40 cm | L | 14 cm |
| B | 14 cm | ⏱ | 8min |

花材
葡萄风信子、仙客来水仙、小洋葱、苔藓

其他资材
花盆、竹签、种植土

| H | 35 cm | L | 14 cm |
| B | 14 cm | ⏱ | 8 min |

花材
风信子、葡萄风信子、法国百里香、苔藓

其他资材
花盆、竹签、藤皮铁丝、种植土

提示

藤皮铁丝缠绕在竹签上作为小饰品,与葡萄风信子形成呼应。

H 35 cm　L 55 cm
B 22 cm　⊙ 12 min

花材
四季报春、黄花柳

其他资材
羽毛、花盆、种植土

H	60 cm	L	22 cm
B	22 cm	⏱	10 min

花材
贴梗海棠、花格贝母、'白纸'水仙、法国百里香、郁金香

其他资材
羽毛、花瓶

制作技巧

① 将法国百里香嫩枝修剪成适宜长度，插入加水的花瓶中。

② 垂直插入各种花材。

主题 2　青苔里的春天

H 37 cm　⌀ 18 cm　⏱ 10 min

花材
法国百里香、郁金香、天蓝尖瓣木、青苔

其他资材
麻绳、盘子、花艺铁丝、带托盘的花泥

H 20 cm　⌀ 14 cm　⏱ 8 min

花材
郁金香、三色堇、青苔

其他资材
麻绳、花艺铁丝、球形花泥

H 44 cm　**L** 37 cm
B 14 cm　**⏱** 20 min

花材
花格贝母、法国百里香、郁金香、天蓝尖瓣木、洋葱、青苔

其他资材
粗绳、花艺铁丝网、热熔胶、干花泥砖、带托盘的花泥

制作技巧

1 将花泥托盘粘到干花泥砖上方。

2 用青苔和花艺铁丝网将花泥包裹成一个提包的形状。

3 系上粗绳作为装饰，插入花材。

H 12 cm　∅ 22 cm　⏱ 8 min

花材
花毛茛、星花轮峰菊、天蓝尖瓣木、青苔

其他资材
麻绳、花艺铁丝、带托盘的心形花泥

制作技巧

① 用花艺铁丝将青苔包裹在心形花泥的外面。
② 将花材装饰在心形花泥的中心位置。

H 12 cm　**Ø** 35 cm　**⊙** 20 min

花材
绿花圣诞玫瑰、郁金香、欧洲荚蒾、树枝、种球、青苔

其他资材
麻绳、竹签、花艺铁丝、热熔胶、带托盘的环形干花泥、带托盘的花泥

H 40 cm　**⌀** 16 cm　**◎** 15 cm

花材
绿花圣诞玫瑰、风信子、法国百里香、郁金香、欧洲荚蒾、种球、青苔

其他资材
麻绳、木珠、花艺铁丝网、竹签、带托盘的花泥

制作技巧

1 把青苔放入2张花艺铁丝网中，然后卷成一个锥筒。

2 用麻绳缠绕加固锥筒外侧，然后分别在两侧打结做一个挂环，并穿上木珠作为装饰。

3 将花泥放到锥筒当中，最后插入花材。

主题 3
办公室窗边的盆栽装饰
» 用树皮装饰花器

- H 45 cm　Ø 35 cm　⏱ 5 min

花材
红掌、树皮

其他资材
花器、美纹纸胶带、排水材料、种植土、热熔胶

- H 80 cm　Ø 55 cm　⏱ 10 min

花材
大花蕙兰、棕榈树苞片、干燥的无花果纤维束

其他资材
花器

制作技巧

美纹纸胶带沿陶罐口边缘粘贴一圈，并用热熔胶将树皮固定在美纹纸胶带上。

窗边的凤梨科植物

H 40 cm	L 26 cm
B 26 cm	⏱ 8 min

花材
小型莺哥积水凤梨、棕榈树苞片

其他资材
花器、排水材料、种植土

H 54 cm	L 34 cm
B 32 cm	⏱ 10 min

花材
蝎尾空凤、构树皮

其他资材
花器、竹签、橡皮圈、排水材料、种植土、热熔胶

制作技巧

① 用橡胶圈将竹签固定在花器外围。
② 将构树皮缠绕在橡皮圈外,遮挡橡皮圈。

窗边的长方形盆栽

- H 42 cm
- L 66 cm
- B 25 cm
- ⏱ 10 min

花材
蔓莲华、血叶兰、'绿蛙'豆瓣绿、苹果枝

其他资材
花器、花艺铁丝、排水材料、种植土

H 38 cm **L** 90 cm
B 32 cm **⏱** 12min

花材
粉背蕨、粗毛鳞盖蕨、兜兰、凤尾蕨、树皮、苹果枝

其他资材
花器、排水材料、种植土

主题 4　能长久保存的等候区的花饰

H 53 cm　**⌀** 30 cm　**⏱** 8 min

左侧花艺作品所需的花材和材料

花材
棕榈树苞片、人造花、苔藓

其他资材
草编花器、石头、花艺铁丝、干花泥

| H 107 cm | ∅ 38 cm | ⏱ 18 min |

左侧花艺作品所需的花材和材料

花材
棕榈树苞片、人造花、苔藓、树枝

其他资材
草编花器、陶土花盆、木棒、涂料、热熔胶、干花泥

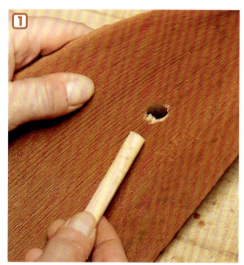

制作技巧

① 为了将棕榈树苞片固定在较高的位置，可在两端打两个孔，穿插在长长的木棒上，并拉伸调整树皮的弧度。

② 将棕榈树苞片的一面刷成白色，与草编花器形成颜色上的呼应。

| H | 33 cm | Ø | 29 cm | ⏱ | 10 min |

花材
芦苇秆、干果、人造花、染色的秸秆段

其他资材
草编花篮、纸包铁丝、陶土花盆、热熔胶、干花泥

H 110 cm　⌀ 38 cm　⏱ 15 min

花材
山茱萸枝、干的小茴香秆、人造花

其他资材
草编花篮、竹签、陶土花盆、热熔胶、干花泥

制作技巧

1. 把小茴香秆切断成相同的长度，然后在每段底部插入1根竹签。

2. 在装入干花泥的花篮里，插入小茴香秆形成插花的花留。最后插入其余装饰材料。

H 120 cm　**⌀** 38 cm
⏱ 18 min

图中较高的花艺作品所需的花材和材料

花材
可可、干树枝、人造花、苔藓

其他资材
草编花篮、螺旋铁丝、陶土花盆、纸包铁丝、热熔胶、干花泥

提示
在花篮里放一个较重的陶土花盆，可以令花艺作品的稳定性更好。

H 50 cm　∅ 63 cm　⊙ 15 min

花材
干莲蓬、干燥果实、人造花、分叉枝

其他资材
草编花器、木质高脚托盘、花艺铁丝、干花泥

主题 5
公司庆典的花饰

H 66 cm Ø 28 cm
⏱ 12 min

花材
蜘蛛抱蛋、大星芹、洋蓟、拟石莲花属多肉植物、非洲菊、绵毛水苏、丽穗凤梨

其他资材
底座、竹签、牙签、双面胶、带托盘的花泥

| H 55 cm | L 40 cm |
| B 26 cm | ⏱ 10 min |

花材
袋鼠爪、红掌、落新妇、小丽花、拟石莲花属多肉植物、柳叶桉、新西兰麻、马蹄莲

其他资材
底座、装饰球、毛线、橡皮圈、牙签、花泥钉、粘条、球形花泥

制作技巧

1 球形花泥泡好后切出一个平面。 2 将新西兰麻包裹在球形花泥外，用橡皮圈固定，并缠绕毛线遮盖橡皮圈。 3 插入其余花材，利用牙签将多肉植物插入花泥空隙处。最后通过粘条和花泥针将装饰好的花泥球固定在底座上，并加入装饰球和多肉植物。

H 61 cm	L 61 cm
B 12 cm	⏱ 60 min

花材

菊花、康乃馨、拟石莲花属多肉植物、绣球、木百合、玫瑰、皱叶荚蒾

其他资材

木板、涂料、螺丝钉、牙签、大头针、挂钩、双面胶、带托盘的花泥

H	42 cm	L	62 cm
B	14 cm	⏱	60 min

花材
红掌、大星芹、菊花、康乃馨、拟石莲花属多肉植物、柳叶桉、非洲菊、绣球、澳洲米花、染色的桉树叶

其他资材
牙签、大头针、带木支架的数字形花泥、水性喷漆

制作技巧

1. 数字形花泥泡好后，用水性喷漆给木支架均匀上色。
2. 桉树叶用大头针固定在数字形花泥四周。
3. 在数字形花泥的正面插入其余花材。

H 16 cm　**Ø** 58 cm　**⏱** 15 min

花材
落新妇、大星芹、菊花、小丽花、拟石莲花属多肉植物、柳叶桉、马蹄莲

其他资材
玻璃花瓶、铁质底座、牙签、带托盘的环形花泥

| H 45 cm | ⌀ 58 cm | ⏱ 30 min |

花材
大星芹、朱蕉、小丽花、须苞石竹、康乃馨、拟石莲花属多肉植物、刺芹、绣球、澳洲米花、绵毛水苏

其他资材
铁质底座、牙签、竹签、藤皮铁丝、大头针、花艺铁丝、细线、圆柱形花泥

制作技巧

① 不同直径的圆柱形花泥泡好后堆叠起来，并用竹签固定。② 上层较小的圆柱形花泥四周用朱蕉叶包裹起来，并用大头针固定好。其余花泥表面插入鲜花和多肉植物。③ 两根粗细不同的花艺铁丝用藤皮铁丝和细线包裹，然后弯折成数字的形状，固定在花泥顶部。

主题 6　办公室的植物墙

H 51 cm　**L** 35 cm　**B** 14 cm　**⏱** 15 min

花材
苔藓、原木片、人造空气凤梨

其他资材
木箱、胶水、增绿剂、热熔胶、球形和砖形干花泥

H 120 cm　**L** 60 cm
B 15 cm　**⏱** 30 min

花材
苔藓、块状树皮、树枝、人造兰花

其他资材
木板、涂料（给木板上色）、竹签、增绿剂、热熔胶、干花泥

制作技巧

① 在干花泥上画出切割线，将花泥切割成需要的造型。

② 将树皮和苔藓分别粘在不同造型的花泥上。

③ 在苔藓上喷增绿剂，使其颜色更均匀持久。

| H | 115 cm | L | 40 cm | B | 10 cm | ⏱ | 25 min |

花材
苔藓、地衣、块状树皮、鹿角蕨（人造花）

其他资材
木板、涂料（用于木板上色）、胶水、花艺铁丝、热熔胶、锥形干花泥

| H | 165 cm | L | 24 cm |
| B | 13 cm | ⏱ | 30 min |

花材
苔藓、树枝、人造兰花

其他资材
涂料（用于木板上色）、木板、木条、胶水、螺丝钉、钉子、增绿剂、热熔胶、干花泥

制作技巧

1 用螺丝钉将木条固定在木板上作为边框。

2 用热熔胶把干花泥粘到木框里。

3 用胶水把苔藓固定在花泥上，并用增绿剂上色，使其颜色更均匀持久。最后用钉子固定树枝，并粘上人造兰花。

| H 90 cm | L 60 cm |
| B 14 cm | ⏱ 15 min |

花材
苔藓、块状树皮

其他资材
底托、胶水、增绿剂、热熔胶、干花泥

| H | 58 cm | L | 58 cm |
| B | 25 cm | ⏱ | 20 min |

花材

苔藓、树枝、人造蕨类植物

其他资材

桦树板材、木板、木条、涂料（用于木板上色）、胶水、螺丝钉、增绿剂、热熔胶、泡沫半球

制作技巧

① 在泡沫半球顶部挖一个洞。② 用增绿剂给泡沫半球上色，可避免从苔藓隙缝中露出白色，破坏整体的美感。③ 用增绿剂给苔藓上色，使其颜色更均匀持久。

主题 7 **办公室节日花饰**

>> 悬挂的花环

H 35 cm　Ø 60 cm　⏱ 45 min

高度不包含挂绳的长度

花材
松树枝、松果

其他资材
蜡烛、桦树枝花环、树皮花环、装饰球、木质星星、花艺铁丝、包膜铁丝、热熔胶

| H 38 cm | Ø 60 cm | ⏱ 45 min |

高度不包含挂绳的长度

花材
尤加利

其他资材
蜡烛、桦树皮花环、地衣花环、麻绳、星形饰品、花艺铁丝、热熔胶

制作技巧

1. 用花艺铁丝将地衣花环固定在桦树皮花环上制成花环基座,然后用麻绳绑好挂起来。

2. 制作蜡烛支架前,先把花艺铁丝放到火上加热。

3. 每个蜡烛底部插入3~4根加热后的铁丝,每根插入约2cm的深度,注意不要被烫伤。然后把蜡烛逐一固定在地衣花环上。

❯❯ 圆柱上的花环

H 140 cm ⌀ 60 cm
⏱ 45 min

花材

松树枝、松果、核桃

其他资材

蜡烛、烛台、地衣花环、柳树枝花环、星形饰品、装饰球、毛毡带、烤漆铁丝、花艺铁丝、秸秆环、热熔胶、圆柱

H 140 cm	∅ 60 cm
⏱ 45 min	

花材
柳叶桉、松树枝、地衣、松果

其他资材
蜡烛、烛台、苔藓花环、篮筐、装饰球、星形饰品、扣丝、花艺铁丝、热熔胶、圆柱

制作技巧

1. 将圆柱作为支撑基座，放上篮筐。把需要倒垂下来的树枝插进篮筐的编织缝隙里。
2. 将苔藓花环放入篮筐内，插入烛台和蜡烛。
3. 装饰柳叶桉、松果和其他饰品。

白桦树干与花环

H 200cm ⌀ 90 cm
⏱ 45 min

花材
多花桉、松树枝、落叶松树枝

其他资材
蜡烛、带混凝土基座的白桦树干、装饰球、丝带、苔藓花环、星形饰品、花艺铁丝、装饰铁丝、热熔胶

H 170cm　⌀ 100 cm　⏱ 60 min

花材
多花桉、松果、松树枝、桦树枝

其他资材
蜡烛、烛台、带混凝土基座的白桦树干、藤枝花环、装饰球、丝带、星形饰品、扣丝、螺丝钉、热熔胶

制作技巧

1. 将桦树枝截成约80cm长，按照需要的高度用螺丝钉固定在白桦树干上。
2. 把其余的树枝用扣丝连接固定在一起，形成一个平面。
3. 将藤枝花环放置在树枝上，插入蜡烛。最后装饰花材、丝带及各种饰品。

人造花、干花等制作的空间花艺

主题 1　雪滴花的冬日家居花饰

» 雪滴花的餐桌花

H 20 cm　⌀ 26 cm　⏱ 20 min

花材
雪滴花（人造花）、鳞叶菊、玉兰树枝、干草

其他资材
底座、粗纤维壁纸、人造雪花、热熔胶

制作技巧

1. 将粗纤维壁纸裁成条状之后对折。
2. 用热熔胶将壁纸如图所示粘合在一起，连成一个闭环。
3. 把纸环放在圆形底座上，将花材插入纸环中并固定好，最后喷上一层人造雪花。

H 22 cm　⌀ 30 cm　⏱ 30 min

花材

雪滴花（人造花）、葡萄叶铁线莲、鳞叶菊、苔藓、干藤枝、干草

其他资材

高脚底座、白蜡、纸板、人造雪花、热熔胶、双面胶、泡沫半球、干花泥

制作技巧

1. 在泡沫半球的外层用双面胶粘贴上铁线莲果序。 2. 半球的一侧切掉一小块作为插花口，将融化的白蜡涂抹在半球表面。 3. 用一块圆形纸板封住半球的底部。从侧面开口处放入干花泥，并用热熔胶固定好。之后插入其余花材完成装饰。

纺锤形雪滴花花艺

 80 cm 17 cm
⏱ 12 min

花材

雪滴花（人造花）、银扇草、芒草、干藤枝、树枝

其他资材

花瓶、构树皮、藤皮铁丝、铁丝、人造雪花、热熔胶

制作技巧

① 将铁丝松松地缠绕在树枝上。
② 再将干藤枝松松地缠绕在铁丝卷上，并用藤皮铁丝固定好。
③ 最后喷上人造雪花，插入其余花材。

H 35 cm **⌀** 21 cm **⏲** 6 min

花材
雪滴花（人造花）、银扇草、法国百里香、复伞形花序枝、干草、白桦树皮

其他资材
花瓶、人造雪花、热熔胶

提示
在欧蓍草或小茴香等结构精巧的复伞形花序枝上，喷洒人造雪花或者涂抹白色蜡油，特别适合作为冬季的装饰。

用玻璃容器搭配雪滴花

H 33 cm **⌀** 15 cm **⏱** 10 min

花材
雪滴花（人造花）、柳枝（人造花）、葡萄叶铁线莲、芒草

其他资材
玻璃容器、构树皮、人造雪花、热熔胶、干花泥

H 32 cm　**⌀** 17 cm　**⏱** 10 min

花材
雪滴花（人造花）、漂白过的树枝

其他资材
玻璃杯、雪梨纸、人造雪花、热熔胶、喷胶、干花泥

制作技巧

① 雪梨纸浸湿后，一层一层包裹在玻璃杯底部。② 待纸基座干燥之后，喷胶定型。③ 把干花泥放入玻璃杯中，插入花材。最后加入人造雪花，覆盖住底部的花泥。

主题 2　春季人造花的家居花饰
》茶几、玄关等处的小型装饰花

H 40 cm　L 50 cm
B 50 cm　⏱ 15 min

花材
银扇草、干燥树枝、干草
人造花：花毛茛、水仙、迷迭香

其他资材
叶脉叶片、树枝基座、热熔胶

H 40 cm　⌀ 20 cm　⏱ 15 min

花材
白桦枝、玉兰枝
人造花：贝母、冰岛罂粟、樱桃枝、柳树枝

其他资材
羽毛、花篮、热熔胶、干花泥砖

H 30 cm　**L** 72 cm
B 25 cm　**⊙** 15 min

花材
柳树枝、染色枝条
人造花：冰岛罂粟、玉兰枝、樱桃枝

其他资材
花艺铁丝、羽毛、花篮、热熔胶、干花泥砖

制作技巧

1. 将干花花泥根据花篮大小裁切成合适的尺寸，放入花篮中。
2. 柳树枝水平插入花泥。
3. 添加其他人造花材。

▶ 放于地面的大型瓶插

H 160 cm　⌀ 60 cm　⏱ 20 min

花材
山茱萸枝、玉兰枝
人造花：玉兰枝、樱桃枝、白桦枝和柳树枝

其他资材
花瓶、波纹铁丝、花艺铁丝

| H | 83 cm | ⌀ | 68 cm | ⏱ | 25 min |

花材
干燥的苹果树枝
人造花：冰岛罂粟、郁金香、玉兰枝、樱桃枝、榛子枝

其他资材
花瓶、花艺铁丝、铁丝

制作技巧

① 用铁丝将苹果树枝制作成架构基座。
② 将架构基座放在花瓶口上并装饰人造花材。

≫ 悬垂花饰

H 75 cm **L** 24 cm
B 24 cm **⏱** 20 min

花材
银扇草、干燥树枝、干草
人造花：花毛莨、水仙、迷迭香

其他资材
麻绳、羽毛、铁艺基座、藤皮铁丝

1

2

制作技巧

1. 在铁艺基座的四角上固定用于悬挂的绳子。 2. 将树枝切割成均等长度，并用藤皮铁丝串接成链状。将树枝链条固定在基座上，并添加其他花材。

主题 3　人造多肉和干枝材打造的墙面花饰

H 35 cm　**L** 51 cm
B 7.5 cm　⏱ 15 min

花材
铁线莲藤、干棕榈叶、人造多肉植物

其他资材
速干水泥、木托盘、牙签、环形干花泥

H 35 cm　**L** 51 cm
B 7.5 cm　⏱ 15 min

花材
地衣、人造多肉植物

其他资材
石膏、瓦楞纸板、木托盘、藤皮铁丝、订书钉、牙签、热熔胶、干花泥

H 38 cm	L 38 cm
B 6 cm	20 min

花材

地衣枝、人造多肉植物

其他资材

羊毛毡布、石膏、石头、木托盘、藤皮铁丝、U形针、大头针、订书钉、热熔胶、干花泥

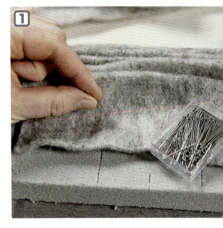

制作技巧

① 把干花泥砖切成扁平的薄片后，粘到木托盘里。羊毛毡布从托盘中间向两侧横向打褶，并用大头针固定褶皱。托盘中间留出一段空白的区域。② 把U形针截短之后，插在羊毛毡布边缘处，做出一条分界线。③ 将搅拌均匀的石膏涂抹在羊毛毡布上。再把剩余的石膏浇在木托盘中留空的条状区域内，撒上一些小石头。等石膏干透之后，粘上其余的装饰材料。

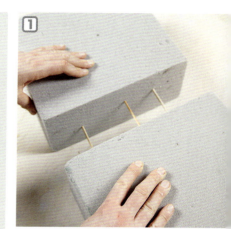
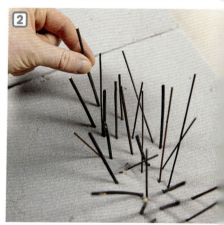
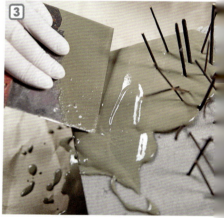

- **H** 74 cm
- **L** 50 cm
- **B** 23 cm
- ⏱ 20 min

花材
悬铃木果实、漂白的桑树皮、干棕榈叶、染色的芦苇秆、人造多肉植物

其他资材
速干水泥、木板、皮革条、孔眼铆钉、涂料、竹签、热熔胶、干花泥

制作技巧

① 用竹签将干花泥拼接起来。② 在条状区域里纵横交错地插入芦苇细秆。③ 用速干水泥覆盖花泥表面。④ 将人造多肉植物和其余装饰物卡在插好的芦苇细秆中间。

H 105 cm L 50 cm
B 22 cm ⏱ 25 min

花材
松树皮、地衣、树枝、人造空气凤梨

其他资材
卡皮斯贝壳、木板、竹签、双脚针、热熔胶、干花泥

- H 60 cm
- L 35 cm
- B 17 cm
- ⏱ 25 min

花材
松萝凤梨、松树皮、地衣

其他资材
羊毛、蜗牛壳、石膏、木托盘、波纹铁丝、花艺铁丝、钉子、热熔胶、干花泥

制作技巧

1. 将羊毛、地衣、松萝凤梨包裹在不同大小的干花泥表面，并用波纹铁丝固定；树皮、蜗牛壳等材料用热熔胶粘贴固定到花泥上。 2. 把装饰好的花泥块粘贴到木托盘里。 3. 注意不同形态花泥块之间的搭配尽量错落有致，和谐统一。

主题 4 充满创意的圣诞树

》 粗树枝的圣诞树

- H 45 cm
- L 24 cm
- B 6 cm
- ⓞ 10 min

花材
欧洲山松、分叉的树枝

其他资材
烤漆铁丝、带状装饰铁丝、毛线、星形饰品、木条、蜡烛、烛台、涂料、热熔胶

- H 35 cm
- ∅ 20 cm
- ⏱ 10 min

左侧圣诞树装饰所需的花材和材料

花材
水杉果、欧洲山松、粗树枝

其他资材
木棒铁丝、绳子、茶烛、茶烛烛台

制作技巧

1. 用木棒铁丝缠绕出一个锥形体。
2. 将茶烛烛台插入铁丝树中。粗树枝截面中心钻孔,把铁丝树固定在上面。
3. 用铁丝把水杉果串接起来,缠绕在铁丝树上。

剪影状的圣诞树

H 65 cm L 33 cm
B 14 cm ⏱ 20 min

花材
欧洲山松、分叉的树枝

其他资材
木棒铁丝、带状装饰铁丝、毛线、星形饰品、木条、蜡烛、烛台、涂料、热熔胶

提示
LED灯串的电池组可以放置在被层层围饰的树干底部。

- **H** 72 cm **L** 32 cm
- **B** 16 cm **⏱** 20 min

花材

藤枝、苔藓、树皮、树干

其他资材

圣诞树铁丝造型、烤漆铁丝、丝带、麻绳、纸板、热熔胶

制作技巧

1. 圣诞树铁丝造型作为模板放在纸板上,画出3个比树形轮廓略小的三角形。2. 剪下3个三角形,一个铺满苔藓并用铁丝固定,一个用热熔胶粘上树皮,最后一个缠满藤枝并用铁丝固定。3. 用一根粗铁丝把3个三角形串联起来,绑在圣诞树铁丝造型里。在树干截面钻孔,插入树形铁丝。最后系上丝带和麻绳。

圣诞树门饰

H 57 cm　L 35 cm
B 7 cm　⏱ 20 min

花材
欧洲山松、树枝

其他资材
纤维、藤皮铁丝、花艺铁丝、丝带、麻绳、圣诞饰品

| H 75 cm | L 50 cm |
| B 8 cm | ⏱ 20 min |

花材
欧洲山松、树皮

其他资材
纤维、烤漆铁丝、带状装饰铁丝、丝带、羊毛毡、绳子、星形饰品、热熔胶

制作技巧

① 把长短不同的2块树皮缠满纤维，并用铁丝固定。② 将所有树皮按照长度排列，依次用热熔胶粘到对折后的粗铁丝上。在树皮背面的铁丝圈上，再粘一块羊毛毡加固。

③ 为了避免树皮串成的圣诞树装饰悬挂在门板或墙面上时留下划痕，可在每块树皮的背面再粘一条宽羊毛毡。最后加入其他饰品，系上丝带和绳子。

室内绿植、盆栽、微景观

主题 1　多肉植物

》 仙人掌、仙人球

H 120 cm　**⌀** 25 cm　**⏱** 10 min

花材
墨麒麟、树桩

其他资材
花盆、鹅卵石、种植土、陶粒

| H 40 cm | Ø 15 cm | ⏱ 5 min |

花材
银岭柱

其他资材
花艺干树枝、花盆、石头、竹签、种植土、陶粒、热熔胶

提示
漂白过的花艺干树枝有一头是空心的，在此处插入竹签，固定在种植土中。浇水的时候，也不必担心其潮湿损坏。

H 25 cm **B** 16 cm **⏱** 20 min

花材
魔云仙人球、土人栉柱、蓝柱

其他资材
花盆、石头、陶土、木工胶、牙签、种植土、陶粒、仙人掌形干花泥

H 22 cm　⌀ 15 cm　⏱ 22 min

花材

白檀仙人掌、方乳突球、金晃

其他资材

花盆、陶土、木工胶、竹签、牙签、种植土、陶粒、花泥、球形干花泥

制作技巧

1️⃣ 将球形干花泥切成仙人球的形状。2️⃣ 把陶土和木工胶混合在一起。3️⃣ 在切好的仙人球状花泥外面涂满混合物。4️⃣ 插上牙签，作为仙人球的刺。

325

H 35 cm　**⌀** 36 cm　**⏱** 18 min

花材

黄毛掌、武伦柱、丽盛丸

其他资材

花盆、石头、铁丝、花艺铁丝、托盘、种植土、陶粒、干花泥

制作技巧

1 制作1根带刺铁丝。**2** 将3根带刺铁丝弯折之后，相互交叉插入装有花泥的花盆中，形成一个简化版的仙人球造型。**3** 用装饰石头遮盖住干花泥。

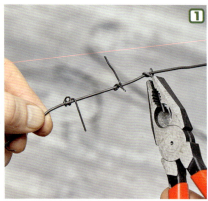

H 20 cm　**⌀** 35 cm　**⏱** 20 min

花材

金晃

其他资材

花盆、石头、托盘、花艺铁丝、种植土、陶粒、干花泥

» 玻璃罐中的仙人掌

H 27 cm　⌀ 18 cm　⏱ 8 min

花材
飞鸟柱仙人掌

其他资材
麻绳、玻璃罐、树枝碎片、木珠、涂料

制作技巧
先将玻璃罐底部浸入涂料当中。涂料干透后，用小刀在着色的边缘部分刮出如图所示的不规则花纹。

H 21 cm　⌀ 15 cm　⏱ 5 min

花材
牡丹玉仙人掌

其他资材
漂流木碎块、原木片、玻璃罐、麻绳、涂料

软木中的多肉植物

| H 36 cm | Ø 17cm | ⏲ 5 min |

花材
月影

其他资材
彩色麻绳、木珠、软木片、陶土花盆、涂料

| H 34 cm | Ø 25 cm | ⏲ 8 min |

花材
虎尾兰

其他资材
陶土花盆、软木片、涂料

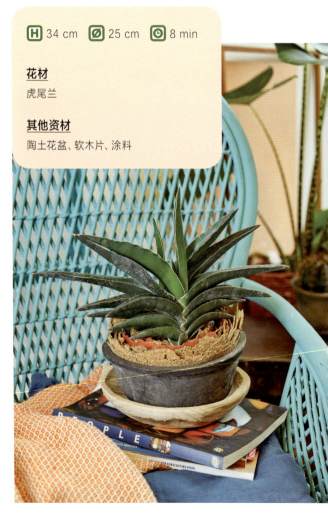

制作技巧

1. 将软木片撕成条状,在较长的一侧刷上颜色。
2. 把软木条装饰在植物根部与花盆边缘的空隙中。最后绑上漂流木。

≫ 用绳编吊篮悬挂的空气凤梨

H 80 cm **L** 80 cm
B 25 cm **⊙** 20 min

花材
莺歌凤梨

其他资材
染色的木片、陶土花盆、衣架、麻绳

H 108 cm **L** 45 cm
B 35 cm **⊙** 30 min

花材
凤梨

其他资材
陶土花盆、衣架、麻绳、流苏

主题 2　香草植物

》香草植物的立体种植

- H 140 cm
- L 40 cm
- B 40 cm
- ⏱ 15 min

花材

罗勒、牛至、欧芹、柑橘百里香

其他资材

玻璃密封罐、木板、牛皮纸、螺丝钉挂钩、涂料、种植土

提示

密封罐的卡口是十分完美的挂环，刚好适合挂在木板上的螺丝钉挂钩上。

H 20 cm **L** 28 cm
B 15 cm ⏱ 5 min

花材
细香葱、凤梨鼠尾草、罗勒、欧芹

其他资材
带把手的铁质容器、黑板展示牌、大挂钩、种植土

》 香草植物箱

- H 40 cm
- L 25 cm
- B 18 cm
- ⏱ 10 min

花材
迷迭香、法国百里香

其他资材
木箱、带底托的陶土花盆、麻绳、喷漆、种植土

| H | 40 cm | L | 40 cm |
| B | 16 cm | ⏱ | 10 min |

花材

鼠尾草、法国百里香、牛至、迷迭香

其他资材

木片篮筐、编织带、孔眼铆钉、喷漆、玻璃纸、种植土、挂钩

制作技巧

① 将编织带剪成适于悬挂的长度相同的4段,然后在每段编织带的两端分别装上孔眼铆钉。

② 用编织带把篮筐挂到墙面上的挂钩上。在篮筐里垫上防水玻璃纸,放入不同的香草植物。

≫ 挂起来的香草植物罐

- H 110 cm
- L 30 cm
- B 30 cm
- ⏱ 15 min

花材

牡丹吊兰、牛至、欧芹、凤梨鼠尾草、法国百里香

其他资材

麻绳、黑板贴、金属立柱、喷漆、种植土、热熔胶

制作技巧

在已经喷漆上色的铁罐外围缠上麻绳，系好挂绳。把所有的挂绳一起挂到金属立柱上的挂钩上，然后在罐子里种上不同的香草植物。最后贴上黑板贴并写上植物的名称。

H 50 cm	L 42 cm
B 14 cm	⏱ 8 min

花材
罗勒、迷迭香、法国百里香

其他资材
陶土花盆、麻绳、衣架、标签、喷漆、玻璃纸、种植土

制作技巧

[1] 4根麻绳合成一股，中段打2个结，2个绳结之间的距离应该既能放入一个花盆，又不会让花盆从中间滑落。然后把4股麻绳的两端分别系在一个衣架的左右凹槽里，这样就制作好一个花盆吊架。

[2] 把已经喷漆上色的陶土花盆放入绳结之间，种上不同种类的香草植物，系上相应的植物标签。

主题 3　兰花

H 50 cm　**⌀** 23 cm　**⏱** 10 min

花材
蝴蝶兰、树皮条

其他资材
含基质的兰花花盆、彩色麻绳、花艺铁丝

| H | 60 cm | Ø | 26 cm | ⊙ | 8 min |

花材
迷你文心兰、棕榈树苞片

其他资材
含基质的兰花花盆、涂料

制作技巧

1. 在棕榈树苞片的内侧涂上与兰花朵相近的颜色。
2. 颜料干透后，环绕着兰花把树皮插入基质里。

H 55 cm	∅ 28 cm
⏱ 8 min	

花材
石斛兰、构树皮

其他资材
含基质的兰花花盆

H 65 cm	L 32 cm
B 20 cm	⏱ 12 min

花材
堇色兰、树枝、苔藓

其他资材
人造空气凤梨、含基质的兰花花盆、铁架、麻绳

H 43 cm ⌀ 38 cm ⏱ 8 min

花材
巴西果、匹诺曹兜兰、构树皮

其他资材
人造空气凤梨、含基质的兰花花盆、铁丝篮筐

H 40 cm L 38 cm
B 30 cm ⏱ 10 min

花材
兜兰、棕榈树苞片、构树皮

其他资材
人造空气凤梨、含基质的兰花花盆、麻绳

提示
卷曲的宽棕榈树苞片适合制作简易的植物吊篮。先在两端各钻一个孔,然后穿上麻绳,一个类似秋千的植物吊篮就制作完成了。最后放上兰花和人造空气凤梨,必要时用可用胶粘牢。

| H 46 cm | L 46 cm |
| B 37 cm | ⏱ 8 min |

花材
兰花

其他资材
漂流木、彩色麻绳、细绳、小竹筐、热熔胶、玻璃罐

H 46 cm　**L** 27 cm
B 19 cm　**⏱** 6 min

花材
兰花

其他资材
漂流木、粗绳、细绳、小竹筐、涂料、玻璃罐

制作技巧

1 将粗绳用涂料染成蓝色。

2 将兰花放在竹筐内的玻璃罐中，粗绳缠绕在植物的底部，使其刚好覆盖住植物的根系。最后绑上漂流木。

主题 4　绿色潮流——观叶植物

》桌面绿植

| H 17 cm | ⌀ 23 cm | ⏱ 15 min |

花材

草胡椒、苔藓

其他资材

椰绳、构树皮、涂料、大头针、种植土、泡沫半球、玻璃纸

制作技巧

① 椰绳缠绕在泡沫半球表面，并用大头针固定。② 在椰绳上粗略地涂抹一层白色涂料。③ 涂料干透之后，在半球内侧垫一层防水玻璃纸，然后种上绿植。最后用构树皮做装饰。

墙面绿植

> H 35 cm　⌀ 20 cm　⏱ 8 min
>
> **花材**
> 仙洞龟背竹、春羽、合果芋
>
> **其他资材**
> 木皮、皮革编织绳、花器、种植土、热熔胶

> H 35 cm　L 22 cm　B 17 cm　⏱ 10 min
>
> **花材**
> 豆瓣绿、可爱竹芋、苔藓
>
> **其他资材**
> 玻璃罐、木板、绳子、涂料

▶▶ 热带观叶植物

H 42 cm　Ø 34 cm　⏱ 8 min

上述高度数据不包含吊绳长度

花材
鸟巢蕨

其他资材
木质托盘、绳索、花器、排水材料、种植土

| H 110 cm | ⌀ 50 cm | ⓘ 12 min |

图中前面的花艺作品所需的花材和材料

花材
斑马海芋

其他资材
木皮、绳子、花器、美纹纸胶带、排水材料、种植土、热熔胶

| H 108 cm | L 32 cm |
| B 32 cm | ⓘ 18 min |

图中前面的花艺作品所需的花材和材料

花材
海芋

其他资材
木箱、木棒、绳子、喷漆、螺丝钉、玻璃纸、种植土

主题 5　微景观

H 35 cm　**L** 30 cm
B 20 cm　**⏱** 10 min

花材
翡翠殿、葡萄叶铁线莲、东云、莱氏桉、金边虎皮兰

其他资材
迷你铁艺花房、石块、喷漆、种植土

H 35 cm　**L** 30 cm
B 20 cm　**⏱** 10 min

花材
人参榕、草胡椒、斑叶树马齿苋、苔藓、树皮

其他资材
迷你铁艺花房、蜗牛壳、种植土

| H | 70 cm | L | 40 cm |
| B | 30 cm | ⊙ | 20 min |

花材

海檬树、贝雷红瑞木、蝴蝶兰、苔藓、树枝、干果

其他资材

铁艺篮筐、皮革绳、铁丝

制作技巧

1. 用铁丝将树枝捆绑在篮筐的长边上，形成一个屋顶结构。
2. 用苔藓把兰花花盆包裹起来，放入篮筐，最后点缀一些干果。

H 40 cm　**Ø** 30 cm
⊙ 8 min

花材
皱叶椒草、草胡椒、斑叶树马齿苋、苔藓、枯根

其他资材
带铁丝罩的玻璃容器、石块、种植土

主题 6　艳丽的一品红

H 40 cm　**⌀** 50 cm
⏱ 30 min

花材
拟石莲花属多肉植物、一品红、海岸松、日本扇尾柳

其他资材
桑树皮、装饰球、金箔、颗粒蜡、星形饰品、花艺铁丝、种植土、陶粒、喷胶

| H | 42 cm | ⌀ | 50 cm |
| ⏱ | 30 min |

花材

拟石莲花属多肉植物、一品红、北美冬青、北美乔松、干藤枝

其他资材

装饰球、包装纸、装饰品、颗粒蜡、花艺铁丝、插花针、种植土、陶粒、热熔胶、空心泡沫半球

制作技巧

1. 将包装纸拧成一条长绳，螺旋盘绕在泡沫半球的背面，并用插花针固定。
2. 在包装纸外快速地涂抹一层融化的蜡。
3. 在装饰好的空心泡沫半球中种入一品红，并加入其他花材和装饰元素。

H 42 cm	Ø 30 cm
⏱ 8 min	

花材
一品红

其他资材
星形饰品、包装纸、花器、花艺铁丝、热熔胶

制作技巧

[1] 将壁纸裁成或撕成大小合适的条状。[2] 将壁纸对折后,通过双面胶粘贴到柱形花器的表面。[3] 快速地涂抹上融化的蜡。

H 40 cm	Ø 30 cm
⏱ 10 min	

花材
欧洲桤木、一品红

其他资材
壁纸、颗粒蜡、花器、种植土、双面胶

H 40 cm	Ø 65 cm
⏱ 35 min	

花材
一品红、北美冬青、日本茵芋、地中海荚蒾、松树枝、松果

其他资材
装饰球、金箔、花器、烤漆铁丝、花艺铁丝、纸板、干草、竹签、种植土、陶粒、热熔胶、喷胶

制作技巧

[1] 从纸板上剪下一个星形,用干草包裹起来,并用花艺铁丝固定。

[2] 依次缠上针树枝和其他花材。

[3] 用热熔胶将装饰球固定在星星上。最后利用竹签将制作完成的星形装饰插入已经种植好一品红的花器中。

H 45 cm	Ø 60 cm
⏱ 18 min	

花材
一品红、地中海荚蒾、干藤枝、松针、松果、苔藓

其他资材
装饰球、花器、星形饰品、藤皮铁丝、花艺铁丝、竹签、种植土、陶粒、热熔胶、干花花泥

9

吊唁与祭奠花艺

主题 1 骨灰瓮花饰

» 心形骨灰瓮花饰

| H 60 cm | L 55 cm |
| B 27 cm | ⊙ 50 min |

花材
红掌、菊花、霸王空凤、构树皮、干树枝、苔藓

其他资材
U形针、带托盘的心形花泥、底座支架、骨灰瓮托盘

| H 45 cm | L 65 cm |
| B 27 cm | ⊙ 30 min |

花材
康乃馨、斑克木、蝴蝶兰、构树皮、苔藓

其他资材
U形针、半环形花泥、骨灰瓮托盘、硬塑料底座

制作技巧

[1] 将苔藓包裹在半环形花泥上,并用U形针固定。[2] 构树皮放在水中泡软。[3] 将软化的构树皮弯折缠绕在花泥上,并用U形针固定好。最后插入花材。

» 花环形骨灰瓮花饰

| H 14 cm | ∅ 42 cm | ⊙ 40 min |

花材
菊花、红端木、冬青卫矛、金丝桃、玫瑰、柳枝、苔藓

其他资材
带圆形托盘的环形花泥（中间部分可作为骨灰瓮托盘）

| H 60 cm | ∅ 45 cm | ⊙ 45 min |

花材
菊花、康乃馨、非洲菊、金丝桃、毛绒稷、玫瑰、柳枝、苔藓

其他资材
U形针、铁丝、带圆形托盘的环形花泥（中间部分可作为骨灰瓮托盘）

制作技巧

1 和 **2** 用苔藓包裹好环形花泥。把长柳枝等间距插成半圆，注意按照枝条长度排列成中间高两边低的造型。再把短柳枝用铁丝与已插好的柳枝垂直连接起来，形成一个支架。**3** 把毛绒稷穿插在支架里作为骨灰瓮的背景装饰，其余花材则剪短后插满花环。

树皮装饰的骨灰瓮

H 20 cm　**L** 50 cm
B 50 cm　**⊙** 60 min

花材

康乃馨、冬青卫矛、银河叶、非洲菊、木百合、法国梧桐树皮、树枝

其他资材

热熔胶，带枕形托盘的环形花泥（中间部分可作为骨灰瓮托盘）

制作技巧

1. 将银河叶沿花泥边缘层叠插好。 2. 同样沿花泥边缘从上向下插入块状树皮。
3. 用热熔胶粘上两三层树皮，最外层部分与叶片重叠。最后在花泥上插入花材。

| H 70 cm | L 70 cm | B 27 cm | ⏱ 50 min |

花材
菊花、冬青卫矛、非洲菊、毛绒樱、玫瑰、法国梧桐树皮、苔藓

其他资材
花艺铁丝、带铁丝网的花泥

制作技巧

① 在大块的树皮上钻两个孔。② 将花艺铁丝按照孔距弯折成U字,借助花艺铁丝将树皮插入花泥,花泥四周整个覆盖上一层树皮。③ 用热熔胶粘上小块的树皮,形成第二层树皮,遮盖铁丝。最后在花泥的上方覆盖一层苔藓并插入花材。

主题 2　挽联花饰

H 24 cm　**Ø** 72 cm
⏱ 45 min

花材
金槌花、油橄榄、玫瑰、*Retama monosperma*（拉丁名，目前没有中文学名）

其他资材
印字缎带、秸秆环、铁丝、U形针、带托盘的环形花泥

H 14 cm　**Ø** 65 cm　**⏱** 45 min

花材
风蜡花、菊花、刺芹、'银雾'薰衣草、玫瑰

其他资材
印字缎带、花艺铁丝、双面胶、带托盘的环形花泥

H 14 cm　Ø 54 cm　⏱ 45 min

花材
金槌花、满天星、多花素馨、玫瑰、皱叶荚蒾

其他资材
印字缎带、花艺铁丝、大头针、双面胶、带托盘的环形花泥

制作技巧

① 浸泡环形花泥，并在花环底部边缘粘贴双面胶。② 荚蒾叶片尖端通过双面胶固定在花环底部，叶片及叶柄用大头针固定在花泥里。③ 添加花材，并将挽联固定在花环上。

H 20 cm　**Ø** 70 cm　**⌚** 45 min

花材
阿米芹、风蜡花、康乃馨、刺芹、日本补血草、油橄榄、贯众蕨、玫瑰、茵芋

其他资材
印字缎带、缎带、花艺铁丝、双面胶、带托盘的环形花泥

H 22 cm　**Ø** 58 cm　**⌚** 40 min

花材
金槌花、银桦、日本补血草、贯众蕨、玫瑰

其他资材
印字缎带、缎带、波纹铁丝、花艺铁丝、秸秆环、带塑网和托盘的环形花泥

H 24 cm **⌀** 54 cm **⏱** 25 min

花材
大星芹、铁丝网灌木、锦司晃、洋桔梗、玫瑰、长生草

其他资材
印字缎带、缎带、波纹铁丝、六角铁丝网、花艺铁丝、秸秆环、牙签、竹签、花泥

制作技巧

① 用银灰色缎带缠绕整个花环。② 用波纹铁丝将铁丝网灌木缠绕固定在花环上。
③ 用铁丝网和U形针将浸泡好的花泥固定在花环上。④ 将其他花材装饰在花泥上。

主题3 祭奠孩童

>> 动物造型

H 70 cm　**L** 50 cm
B 17 cm　**⏱** 120 min

花材
金槌花、小丽花、'手鞠草'须苞石竹、满天星、香豌豆、纽扣菊

其他资材
丝带、花艺铁丝、珠针、热熔胶、带有眼睛和鼻子的小熊形花泥

| H | 35 cm | L | 40 cm |
| B | 12 cm | ⏱ | 40 min |

花材
小丽花、康乃馨、洋桔梗、满天星、绣球、香豌豆、杂种补血草

其他资材
毛毡带、珠针、花艺铁丝、带托盘的蝴蝶形花泥

制作技巧

① 在蝴蝶形花泥的外围包裹一层毛毡带，并用珠针固定。花泥中间蝴蝶的身体部分也覆盖上毛毡。② 用鲜花装饰蝴蝶的翅膀部分，最后将毛毡裹在花艺铁丝上做成触角插到花泥里。

》天使的陪伴

- H 53 cm L 40 cm
- B 15 cm ⏱ 80 min

花材
欧蓍草、木茼蒿、风蜡花、菊花、翠雀、康乃馨、绣球、补血草、玫瑰、紫盆花、纽扣菊

其他资材
丝带、带托盘和支架的天使形花泥

H 55 cm　**L** 52 cm
B 17 cm　**⏱** 60 min

花材
欧蓍草、铁线莲、康乃馨、绣球、玫瑰、短舌匹菊

其他资材
铝箔、毛刷、毛毡带、珠针、装饰铁丝、喷胶、带托盘和支架的天使翅膀形花泥

制作技巧

1. 在花泥的木质支架表面分区均匀喷胶。

2. 在喷胶处迅速粘上一层锡纸，并用毛刷一点点刷平。

3. 在翅膀形花泥的四周装饰一层毛毡带，并用珠针固定。最后插入花材。

星星的安慰

H 19 cm　⌀ 58 cm　⏱ 60 min

花材
欧蓍草、铁线莲、小丽花、洋桔梗、非洲菊、满天星、绣球、紫灯花

其他资材
丝带、带托盘的星形花泥

▶ 相框造型

H 50 cm　**L** 30 cm　**B** 10 cm　**◯** 40 min

花材

铁线莲、金槌花、小丽花、非洲菊、满天星、香豌豆、大滨菊、玫瑰

其他资材

装有悼词卡片的相框、毛毡带、木棒、珠针、花泥板

制作技巧

1. 从大花泥板上裁切下1块长方形花泥。
2. 将相框放在长方形花泥正中标记出相框的边长，然后利用工具挖出放置相框的凹陷空间。
3. 花泥泡好后，在背面插入2根木棒作为支架，并用热熔胶固定。然后在花泥的四周装饰一层毛毡带，最后放入装有悼词卡片的相框，并插入花材。

主题 4　新式吊唁与纪念花礼

» 带小木栅栏的设计

H 40 cm　∅ 35 cm　⏱ 20 min

花材
康乃馨、莱氏桉(染色)、桉树果实(染色)、欧洲枯叶松、东方虞美人、日本五针松、北美乔松、干草

其他资材
小木栅栏、构树皮(染色)、波纹铁丝、U形针、热熔胶、带黑色托盘的花泥

制作技巧

[1] 花泥泡水后,在托盘边缘用热熔胶粘一圈构树皮。[2] 用U形针和热熔胶把小木栅栏固定在底托外围。[3] 从上方插入鲜花、树枝和干草等花材。

| H | 25 cm | L | 60 cm |
| B | 40 cm | ⏱ | 18 min |

花材
美国扁柏、日本扁柏、康乃馨、莱氏桉（染色）、欧洲枯叶松、木百合、苔藓、桉树果实（染色）

其他资材
小木栅栏、毛线、十字架装饰、U形针、花艺铁丝、带托盘和网格的花泥

制作技巧

1. 在花泥的一侧水平插入小木栅栏，并用U形针加固。

2. 将带有松塔的枯叶松枝条插入花泥的另一侧，用花艺铁丝将枝条前端与栅栏连接固定。然后插入其他花材，将整体调整为弧形。

十字形祭奠花礼

- H 10 cm
- L 53 cm
- B 33 cm
- ⏱ 15 min

花材
日本扁柏、伞房桉、康乃馨、莱氏桉（染色）、木百合、南非植物、桉树果实（染色）

其他资材
毛线、花艺铁丝、带托盘的十字形花泥

纪念花环

H 15 cm　⌀ 48 cm　⏱ 20 min

花材
康乃馨、莱氏桉(染色)、欧洲枯叶松、木百合、东方虞美人、欧洲赤松、树枝、干草、桉树果实(染色)

其他资材
花艺干树枝(染色)、U形针、花艺铁丝、热熔胶、带托盘的环形花泥

➤ 心形祭奠花礼

H 12 cm　Ø 40 cm　⊙ 15 min

花材
康乃馨、刺芹、棒头桉、木百合、东方虞美人、欧洲赤松、桉树果实（染色）

其他资材
U形针、带托盘的心形花泥

》纪念花球

⌀ 25 cm ⏱ 20min

花材
美国扁柏、伞房桉、康乃馨、刺芹、东方虞美人、欧洲山松、南非植物

其他资材
缎带、花艺铁丝、铁丝、球形花泥

制作技巧

1 用铁丝将松塔串连起来。

2 将松塔串均匀地缠绕在花泥球上，然后插入花材。

水滴形祭奠花礼

H 100 cm　L 30 cm
B 10 cm　⏱ 25 min

花材

菊花、莱氏桉（染色）、玉山圆柏、欧洲枯叶松、悬崖海神花、枯叶

其他资材

构树皮（染色）、缎带、花艺铁丝、U形针、铁丝、螺丝钉、带孔金属片、码钉枪、金属杆、石质基座、胶带、带托盘的三角形花泥

H	100 cm	L	30 cm
B	10 cm	⏱	25 min

花材

Aulax umbellata（拉丁名，目前没有中文学名）、伞房桉、康乃馨、莱氏桉（染色）、玉山圆柏、木百合、南非太阳菊、南非植物、枯叶

其他资材

构树皮（染色）、缎带、花艺铁丝、U形针、铁丝、螺丝钉、带孔金属片、码钉枪、金属杆、石质基座、胶带、带托盘的水滴形花泥

制作技巧

[1] 利用带孔金属片和螺丝钉将金属杆固定在花泥背面。（若想使作品完成后可以竖立在墓碑前，可以另取一段金属杆插入花泥中，使作品有两个支撑杆。）[2] 用染色构树皮覆盖花泥背面，并用码钉枪固定。[3] 花泥四周围上一圈用枯叶穿成的叶串，并用U形针固定好，补充单片的干枯叶子遮挡外露的花泥。最后在水滴形花泥的正面插入其余花材和饰品。

主题 5　灵柩花饰

H 12 cm	L 200 cm
B 12 cm	⏱ 35 min

花材

菊花、洋桔梗、满天星、玉山圆柏

其他资材

丝带、美纹纸胶带、花泥钉、粘条、带网格的长条形花泥

提示

1 和 2 为了不在盖板表面留下痕迹，并且制作完成的装饰花带固定得更加牢固，需要在盖板上先粘贴几段美纹纸胶带，美纹纸胶带使用后可以完全移除不留痕迹。然后再用粘条把花泥钉固定在美纹纸胶带上，最后插入花泥完成整条花带的固定。3 花带应该采用与铺在盖板上的长丝带相呼应的颜色，整体会更加协调。

H 16 cm	L 185 cm
B 20 cm	⏱ 40 min

花材

尾穗苋、一叶兰、刺芹、非洲菊、金丝桃、皱叶荚蒾、树枝、地衣

其他资材

花艺铁丝、美纹纸胶带、大头针、花泥钉、粘条、锥形花泥

H 12 cm	⌀ 45 cm
⏱ 20 min	

花材

'蓝宝贝'冈尼桉、大叶尤加利、洋桔梗、玫瑰

其他资材

丝带、花艺铁丝、带托盘的环形花泥

提示

可以使用与棺木颜色相近的丝带将花环固定在棺木上。

H 40 cm	L 60 cm
B 35 cm	⏱ 20 min

花材

一叶兰、玉山圆柏、百合、芒草、油橄榄

其他资材

大头针、订书机、双面胶、带托盘和网格的花泥

制作技巧

1 该花泥背面平整,泡好后的花泥可通过双面胶稳稳地固定在盖板上。

2 一叶兰的叶片打一个结,制作成锥形,并用订书机固定。

3 与一叶兰相应,较长的芒草叶也打个活结。

H 40 cm	L 190 cm
B 30 cm	⏱ 40 min

花材
啤酒花、皱叶荚蒾、马蹄莲、地衣

其他资材
丝带、铅皮、装饰铁丝、U形针、花艺铁丝、牙签、大头针、蜡、带托盘的球形花泥

制作技巧

① 将花泥球分别包裹上叶片和地衣,在花泥托盘底部粘贴双面胶条,将花泥球固定在盖板上。

② 用丝带把铅皮捆绑在用蜡封住的马蹄莲花茎末端,并用牙签将2根花茎固定在一起。

③ 在马蹄莲花茎的中段同样用丝带捆绑铅皮,并通过花艺铁丝把它们固定到中间的花泥球上。

制作技巧

① 在花泥的4个侧面各插入一片一叶兰叶。

② 将每片叶子沿同一方向绕着花泥弯卷,用双面胶粘贴固定,花泥的四周就被完全包裹住了。然后在每块花泥上插入同种花材,错落有致地固定到盖板上,最后通过啤酒花枝将它们串联到一起。

H 20 cm	L 190 cm	B 30 cm	⏱ 40 min

花材
一叶兰、菊花、啤酒花、雪山玫瑰、康乃馨、夕雾

其他资材
美纹纸胶带、双面胶、带硬泡沫底托和网格的花泥